하루 1분 감성영어

YM기획 엮음
성재원 감수

베프북스

| 감수사 |

바쁜 일정을 소화하는 보통 사람에게는 영어는 가까이 하고 싶지만 자꾸 멀어져만 가는 존재입니다. 일이 끝나고 파김치가 되어서 집에 가면 영어는 늘 뒷전으로 밀려날 수밖에 없는데요. 영어 교육 분야에 종사하는 입장에서 이런 현상들이 늘 안타깝게 느껴졌습니다. 피곤한 하루를 보내며 힘들게 영어 공부를 하는 분들을 위로해 드릴 수 있는 방법이 없을까 고민하던 차에, 영화 속 명대사를 이용해서 쉽고 재미있게 영어 공부를 할 수 있는 책을 한 권 발견했습니다.

사용법은 매우 간단합니다. 출퇴근 시간에 책에 있는 영화 명대사를 하나씩 꺼내서 음미하면 됩니다. 그러다 보면 나도 모르는 사이에 영어가 한결 편하게 느껴질 수 있을 겁니다. 책을 보는 것뿐만 아니라 직접 명대사를 써 보고, 해당 영화의 명장면과 OST 등을 보면서 한 번 더 그 대사에 빠져볼 수도 있습니다. 지루하고 재미없던 출근길이 영화 속 한 장면으로 바뀌게 될 겁니다.

이제까지의 영어책은 '영어 공부'라는 느낌이 강했기 때문에 다가가기 힘든 부분이 많았습니다. 그렇기에 이 책이 더 반갑게 느껴지고는

합니다. 영어가 어렵게 느껴지셨던 분들도 편하게 접근할 수 있기 때문입니다. 영어 기초를 쌓고 싶은 초보자 분들부터 다양한 표현을 익히고 싶은 중급자 분들까지 다양하게 활용할 수 있는 책이라고 생각합니다.

이 책은 단순히 명대사만 나열해 놓은 책이 아니라, 함께 익히면 좋은 다양한 영어 지식들과 표현들도 함께 수록되어 있습니다. 평소 영화를 즐겨 보시는 분들이라면 영화 명대사를 익히는 즐거움과 영어 실력이 늘어가는 즐거움 둘 다 누릴 수 있을 겁니다.

말 그대로 "감성 영어"라는 이름이 아깝지 않습니다. 영화 명대사와 다양한 글귀들 덕분에 많은 위로를 받을 수 있었기 때문입니다. 저도 수업을 하는 분들에게 편지를 보내는 심정으로 이 책을 선물해 드리려고 합니다. 이를 통해 딱딱하고 지루한 영어 공부가 조금 더 부드럽게 바뀔 수 있기를 소망합니다.

| 프롤로그 |

There's a sunrise and sunset every day.
You can choose to be there for it,
You can put yourself in the way of beauty.

일출과 일몰은 매일 있는 거란다.
네가 마음만 먹는다면,
그 아름다움 속으로 언제든 들어갈 수 있단다.

- 와일드(Wild, 2014)

오늘, 당신의 하루는 어땠나요? 눈코 뜰 새 없이 지나가지 않았나요? 취업 준비하느라, 야근에 회식까지 해내느라 하루를 분 단위로 쪼개어 살아야 하고, 그 와중에 썸도 타고 데이트도 해야 하고…
그렇게 일상에 쫓기다 보면 잊어버리고 지나가는 것들이 너무나 많습니다. 소중한 사람, 소중한 감정, 소중한 시간들.
영화 한 편 마음 놓고 볼 시간도 없고, 아무 생각 없이 소설 한 권 읽으며 뒹굴자니 그저 논다는 죄책감이 엄습해온다면, 이 책은 어떤가요? 하루 단 한 장, 아름다운 석양이 내려앉는 퇴근길 지하철 안에서, 지친 하루를 어루만져 주는 폭신한 이불 속에서, 때로는 따뜻한, 때로는 눈시울이 붉어지는 영화 속 한 장면을 만나보세요. 죄책감은 걱정 마세요. 아름다운 명대사들을 마음에 새기다보면 어느새

수백 개의 영문장을 익힐 수 있답니다. 억지로 펜을 들고 밑줄을 긋고 달달 외우지 않아도 괜찮아요. 하루 1분, 당신의 마음을 뜨겁게 물들인 영화 속 한 장면을 떠올리는 것만으로도 충분하답니다. 잊지 마세요. 당신이 마음만 먹는다면 언제든, 아름다움 속으로 뛰어들 수 있다는 걸.

★ 이렇게 활용해보세요.

- 주말을 제외한 5일 동안 하루 영화 속 명대사 한 문장과 함께 관련 영단어, 숙어, 주요 문법 등을 익힐 수 있게 구성했습니다. 하루에 한 장씩 차근차근 꾸준히 읽어나가시길 권합니다.
- 영화 속 명대사 옆의 여백 공간에 명대사를 써보거나 영어 단어를 쓰며 익혀보세요.
- 수록된 큐알코드를 스마트폰 큐알코드리더기로 찍으면 해당 영화의 명장면이나 OST, 또는 관련 음악 등을 감상하실 수 있습니다.

일러두기
영화 속 대사이기 때문에 직역이 아닌 문학적 의역된 문장이 많습니다. 참고하고 읽어주세요.

CONTENTS

감수사 • 004

프롤로그 • 006

Chapter1 _ About Love • 009

Chapter2 _ About Life • 097

Chapter3 _ About You • 193

Chapter 1.
About Love

Day1

Isn't everything we do in life a way to be loved a little more?

우리가 살면서 하는 모든 것들은 좀 더 사랑받기 위한 게 아닐까?
- 비포 선라이즈(Before Sunrise, 1995)

당신을 힘들게 하는 연인의 투정도, 당신이 무심코 짓는 작은 표정도. 어쩌면 모두 '사랑'을 위한 것인지도 몰라요.

a little more
: 조금 더

일상생활에서 쉽게, 자주 사용할 수 있는 유용한 표현입니다.
관련된 몇 개의 숙어와 함께 기억해두세요.

just a little more
: 조금 더

tighten a screw a little more
: 나사를 좀 더 죄다

more than a little[bit]
: 상당히, 적지 않게

Day 2

I'm not a smart man...
But I know what love is.

전 똑똑하진 않지만, 사랑이 뭔지는 알아요.
- 포레스트 검프(Forrest Gump, 1994)

사랑하면 바보가 된다고들 말합니다. 자신을 모두 지키며 사랑을 한다는 건 거짓말이 아닐까요?

What
<u>What</u>은 'What do you want?(무엇을 원하니?)' 'What is this?(이것은 무엇이니?)'처럼 의문문에서 '무엇'이라는 의미로 쓰이는 경우가 많죠. 이런 경우에는 주어와 동사가 위치가 바뀌어서 What 다음엔 동사, 주어가 순서대로 나오게 되는데요.
'I know what love is.'처럼 What이 동사 다음에 종속절로 나오게 되는 경우는 주어와 동사 위치를 바꾸지 않는답니다.
I know what he is.
: 나는 그가 무엇을 하는지 안다.
Tell me what this is.
: 이게 뭔지 말해줘.

Day3

온 우주에 너와 나, 단 둘밖에 존재하지 않는 것만 같은 때가 있지요. 그때는 누구나 "너만 사랑할 거야!"와 같은 의지와 약속을 남발하곤 하지요. 그럴 때 사용할 수 있는 단어가 바로 'will' 이랍니다.

뜨겁게 사랑에 빠진 젊은 날, 헤어짐과 만남, 그리고 점차 기억을 잃어가는 치매 아내와 함께 맞이하는 영화 <노트북>. 하지만 이 영화가 더 아름다운 건 생의 마지막까지 지켜졌던 사랑의 약속 때문이 아니었을까요?

will
: ~일 것이다. ~할 것이다.

will은 조동사, 즉 원래 동사를 도와주는 동사예요. 그렇기 때문에 원래 동사(본동사)가 있어야 사용할 수 있는데, 조동사 will 뒤에 오는 본동사는 동사원형으로 써야 한답니다. 예를 들어, 'I am happy.'라는 문장에 조동사가 들어가면 'I will be happy.'가 되는 것이지요.

Day 4

You make me want to be a better person.

당신은 내가 더 나은 사람이 되고 싶게 만들어요.
- 이보다 더 좋을 순 없다(As Good as it Gets, 1997)

어쩌면 가장 깊은 사랑은 '당신'이 아닌 '나'에게 더 많은 변화를 요구하는 것이 아닐까요?

want to be
: ~가 되고 싶다, ~가 되기를 원하다
이 숙어 앞에 부정사를 붙여 '~가 되고 싶지 않다, ~하기 싫다'는 문장을 만들 수도 있답니다.
I don't want to be disappointed.
: 실망하기 싫어.

Day5

If we're meant to meet again, we will.

만날 운명이라면 만나게 돼요.
- 세렌디피티(Serendipity, 2001)

눈 내리는 뉴욕 거리, 크리스마스이브, 뜨거운 청춘.
사랑에 빠지지 못할 이유가 없는 완벽하게 로맨틱한 영화 〈세렌디피티〉. 이번 주말엔 낡은 로맨스 영화와 함께 사랑에 빠져보는 건 어떠세요?

mean to
: ~할 셈이다

meant는 mean의 과거/과거분사형으로, mean은 '~을 뜻하다'는 의미를 갖고 있습니다.

I didn't mean to barge in like this.
: 이렇게 참견할 생각은 아니었어.
I really didn't mean to do it.
: 일부러 그런 건 아니야.

Day 1

You are pretty much the only thing that makes me wanna get up in the morning.

당신이 저를 아침에 일어나고 싶게 만드는 거의 유일한 사람이에요
- 미비포유(Me Before You, 2016)

존엄사와 로맨틱 코미디. 어쩌면 너무도 거리가 먼 두 테마를 모두 담고 있는 이야기로, 로맨틱한 장면들 뒤에 삶을 어떻게 살 것인지 그리고 그 선택의 권리가 누구에게 있는지 잔잔하지만 묵직한 질문들이 뒤따라옵니다.

pretty much
: 거의
pretty 는 '꽤', '상당히', much는 '많은'이란 의미를 갖고 있죠.
이 두 단어가 합쳐지면 '거의'라는 의미를 갖게 됩니다.
I'm pretty much done.
: 나 거의 끝났어.
It's pretty much over.
: 이거 거의 끝났어.

Day2

Whatever you say, it's too late.
I don't love you anymore. Good bye.

뭐라고 말하든 이미 늦었어.
난 더 이상 당신을 사랑하지 않아. 안녕.
- 클로저(Closer, 2004)

내뱉는 순간 후회하고 마는 이별의 말. 후회, 아쉬움, 그리움, 쓸쓸함, 그리고 가슴 아픈 사랑이 공존하는 시간.

whatever
: 어떤 ~일지라도, 어떤 ~이든

영화 대사처럼 뒤에 주어, 동사와 함께 사용하기도 하지만 대화에서 단독으로 사용될 때도 많습니다. 가볍게 "아무래도 좋아."라고 대답하고 싶을 때 "Whatever,"라고 사용할 수 있어요.

Day 3

피로하고 권태로운 하루. 당 충전이 시급하다고 느낄 때가 있죠. 혹시 그럴 때 생각나는 사람이 있다면 당신은 행복한 사람입니다. 글쎄, 사랑만큼 달달한 게 또 어디 있겠어요.

I'd rather
: (차라리)~하는 게 좋겠다
<u>여기서 I'd는 I had 또는 I would의 준말입니다.</u>

I'd rather die tomorrow than live a hundred years without knowing you.

당신을 모르는 채로 100년을 사느니 차라리 내일 죽는 것이 낫소.
- 포카혼타스(Pocahontas, 1995)

포카혼타스 예고편

Day4

You are the reason, I am.

당신은 내가 존재하는 이유입니다.
- 뷰티풀 마인드(A Beautiful Mind, 2001)

뽀송뽀송하지 않은 짠내 가득한 내 삶에도 그대 있어서 살아갈 맛이 납니다.
당신은 내가 존재하는 이유입니다.

You are the reason
: 당신은 ~의 이유입니다, 당신 때문에 ~해요
<u>이 문장 하나로 고백이나 불만 등 다양한 표현이 가능하답니다.</u>
You are the reason for my happiness.
: 넌 나의 행복의 근원이야.
You are the reason I'm stressed.
: 넌 내가 스트레스를 받는 원인이야.

Day5

사랑에 빠진 순간을 이렇게 잘 표현해주는 단어가 또 있을까요?

flip
: 홱 뒤집(히)다
다음과 같은 상황에서 사용할 수 있어요.
Flip it over.
: 넘겨라.
He did a flip-flop on several key issues.
: 그는 몇몇 주요 쟁점에 대해서 입장을 번복했다.

The first day I met Bryce Loski, I flipped.

내가 브라이스를 처음 만난 순간, 나는 사랑에 빠졌다.
- 플립(Flipped, 2010)

두 주인공의 첫 만남

Day1

Thank you for being you!

너여서 고마워!
- 스누피(The Peanuts Movie, 2015)

"쟤는 살만 좀 빼면 예쁠 텐데."
"안정된 직장만 있으면 딱 좋은 신랑감인데 말이야."
그냥 있는 그대로 좋아해주길 바라는 건 아직도 애니메이션을 좋아하는 어른처럼 철없는 바람일까?

Thank you for
: ~에 대해 감사하다.

뒤에 명사 또는 ~ing를 붙여 다양한 상황에서 사용할 수 있습니다.

Thank you for nothing.
: (부탁을 거절당했을 때) 괜찮습니다, 상관없습니다

Thank you for your help.
: 도와주셔서 감사합니다.

Day2

**My true disability is not having to be in a wheel chair.
It's having to be without her.**

내 진짜 장애는 사지마비가 아니야.
그녀 없이 살아야 한다는 거야
- 언터처블 1%의 우정(Untouchable, 2011)

사랑하는 사람과 함께할 수 없는 괴로움이 스스로 몸을 움직이지 못하는 엄청난 장애보다 더 괴로운 일인가 봅니다. 어쩌면, 사랑을 하지 못하는 이가 가장 불행한 장애를 가진 사람이 아닐까요?

disability
: **장애, 무력, 무능**
비슷한 의미를 가진 단어에는 handi-cap이 있습니다.
have a sight disability
: 시각 장애를 앓다
have a hearing disability
: 청각 장애를 앓다

언터처블 1%의 우정 예고편

Day3

You can't force someone to fall in love.

넌 누군가에게 사랑에 빠지는 것을 강요할 수 없어.
- 슈렉3(Shrek The Third, 2007)

몇 번의 사랑을 떠나보내고 나면 알게 되지요.
두 사람이 서로를 향해 사랑에 빠지는 건 정말 기적에 가까운 일이란 걸.

force
: 강요하다, ~하게 만들다
force somebody
: ~에게 ~을 (받아들이도록) 강요하다
to force your attentions
: 관심을 강요하다

Day 4

늘 산소통을 생명줄처럼 달고 다녀야 하는 소녀와 하나의 다리로 세상을 지탱하고 있는 소년의 사랑. 어쩌면 사랑은 사랑해야 할 이유로 이루어지는 것보다 사랑하지 못할 이유를 극복함으로 이루어지는 게 아닐까요? 사랑에 빠지는 일은 나도 모를 어느 순간의 마법이지만, 사랑을 이루는 것은 오랜 노력이랍니다.

try to
: ～하려고 노력하다
try to sleep
: 잠을 청하다
try to forget
: 생각하지 않으려고 하다
try to go
: 가려고 하다
Try to remain calm.
: 침착성을 잃지 않도록 해 봐.
try to recall
: 기억을 더듬다

I hope you realize that you trying to keep your distance from me
in no way lessens my affection for you.
All your efforts to keep me from you will fail.

난 네가 아무리 나에게서 멀어지려 해도
너에 대한 내 사랑이 변함없을 거란 걸 깨달았으면 좋겠어.
네가 어떤 노력을 계속 한다 해도 실패 할거야.
- 안녕, 헤이즐 (The Fault in Our Stars, 2014)

Try to remember

Day5

당신은 그냥 말이 필요 없는 사람.
구구절절한 설명이 필요 없는, 내겐 너무 완벽한 사람.

be all that
: 끝내주다, 굉장히 매력적이다

여기에 부정사를 더하면 'be not all that (사람·물건이)그다지 좋지 않다, 별로다'라는 의미로도 사용할 수 있습니다.

She is all that!

그녀는 정말 끝내준다!
- 쉬즈 올 댓(she is all that, 1999)

Kiss me
(She's all that 영상)

Day 1

You must not fear this because we are one.

이별을 두려워하지 마. 너와 난 하나니까
- 히어 애프터(The Here After, 2015)

이별 후에도 끝나지 않는 사랑이 있습니다.
눈에서 멀어져도 차마 마음에서 멀어지지 못하는 그런 사랑이 있습니다.

must
: ~해야 하다

어떤 것을 해야 할 필요성, 중요성을 강하게 드러낼 때 사용합니다.
같은 의미로 have to를 사용할 수 있는데 약간의 차이가 있다면, must는 화자나 청자가 원하는 것에 대해 말할 때 쓰이고 have to는 규칙, 법률, 다른 사람들의 소망에 대해 말할 때 쓰인답니다.

Day2

My only love sprung from my only hate.

내 단 하나의 사랑이 단 하나의 증오에서 싹트다니.
- 로미오와 줄리엣(Romeo+Juliet, 1996)

지독한 증오 가운데서도 피어나는 사랑의 힘.
고전이 사랑받는 이유는 시간이 지나도 여전히 유효한 이야기이기 때문이 아닐까요?

spring from
: ~에서부터 비롯되다

sprung은 spring의 과거/과거분사형으로, 이 표현은 '에서 갑자기[불쑥] 나타나다'라는 의미로도 많이 사용됩니다.

Where on earth did you spring from?
: 도대체 넌 어디서 갑자기 나타난 거니?

로미오와 줄리엣 OST

Day3

Winning that ticket was the best thing that ever happened to me.

이 티켓을 얻은 것이 내 인생에서 최고의 행운이었어.
- 타이타닉(Titanic, 1997)

타이타닉 OST

긁지 않은 복권이라는 말이 있지요. 우리 인생에 있어 최고의 행운은 사랑하는 사람을 만나는 것이 아닐까요?
당신의 옆에 있는 사람에게 최선을 다해 사랑하세요.
복권을 긁어야 행운이 오는 법이니까요.

best
: (good의 최상급) 최고
여기에 The를 붙이면 그야말로 '최상급'이라는 의미로 사용되는데요.
최상급이라는 의미로 사용되는 다른 표현으로는 the finest, the highest, first-class, prime, of the highest quality 등이 있습니다.

Day 4

당신에게 단 하루밖에 시간이 주어지지 않는다면,
그 시간 함께하고픈 사람이 있나요?

What would you do?
'어떻게 할 거야?'라는 의미로 문장 그대로 외워두면 좋아요.
다른 의문사를 사용하여 'how would you like it? 기분(심정)이 어떻겠니?'와 같이 사용할 수도 있습니다.

If have one day left, what would you do?
I'd spend it with you. Just been together.
Like now. Doing nothing.

하루밖에 못 산다면 어떻게 할 거야?
당신과 함께 있을 거야.
지금처럼 아무것도 하지 않으면서.
- 이프 온리(If Only, 2004)

Day 5

You can erase someone from your mind, getting them out of your heart is another story.

당신이 누군가를 당신의 마음으로부터 지울 수 있지만 사랑은 지워지지 않습니다.
- 이터널 선샤인(Eternal Sunshine Of The Spotless Mind, 2004)

'기억은 사라져도 마음은 남는다.' 이 영화를 한 문장으로 표현한다면 이렇게 말할 수 있을 것 같습니다. 혹시 현재 권태기에 빠졌거나, 그와 가까운 오래된 연인이 있다면 함께 이 영화를 보는 걸 추천드려요. 한 영화 평론가의 평처럼 그럼 '당신 옆에 있는 사람의 처음이 기억날 테니'까요.

get out of (something)
: ~에서 떠나다, 벗어나다
You ought to get out of the house more.
: 당신은 집에서 외출을 더 많이 해야 해요.
Get out of the building as soon as possible.
: 그 건물에서 최대한 빨리 나가라.

영화 읽어주는 남자 中
〈이터널 선샤인〉

Day1

조금만 더 날 붙잡아 봐요.
그럼 난 당신을 영영 떠날 수 없을 거예요.

be able to
: ~을 할 수 있다

can은 평소에 할 수 있는 능력에, be able to는 평소에는 못 했던 일이 이제는 조건을 충족시키게 되어서 할 수 있게 된 경우에 주로 사용됩니다. can이 단어 길이도 짧고 사용하기 편해서 일반적으로 많이 사용됩니다.

Don't kiss me.
If you kiss me, I won't be able to leave.

키스하지 말아요.
또 다시 입맞춤을 한다면 난 당신을 떠날 수 없을 거예요.
- 파리에서의 마지막 탱고(Last Tango In Paris, 1972)

영화 〈여인의 향기〉 中 탱고

Day2

When you love someone,
you say it right then out loud.
Otherwise the moment just passes you by.

누군가를 사랑하면 사랑한다고 즉시 크게 말해.
그렇지 않으면 그 순간은 그냥 너를 지나쳐 버릴 거야.
-내 남자친구의 결혼식(My Best Friend's Wedding, 1997)

하고 싶지 않지만 할 수밖에 없는 것, 후회.
우리의 삶은 후회와 다짐의 반복이라지만 사랑에 있어서만큼은 그러지 않길.

otherwise
: (만약) 그렇지 않으면(않았다면)
같은 의미로 사용할 수 있는 부사들에는 or else, if not 등이 있습니다.
Shut the window, otherwise it'll get too cold in here.
: 창문 닫아. 안 그러면 이 안이 너무 추워질 거야.
Hurry up or else you'll be late.
: 서둘러. 안 그러면 지각할 거야.
I'll go if you're going. If not I'd rather stay at home.
: 네가 가면 나도 갈 거야. 그게 아니면 그냥 집에 있을래.

Day3

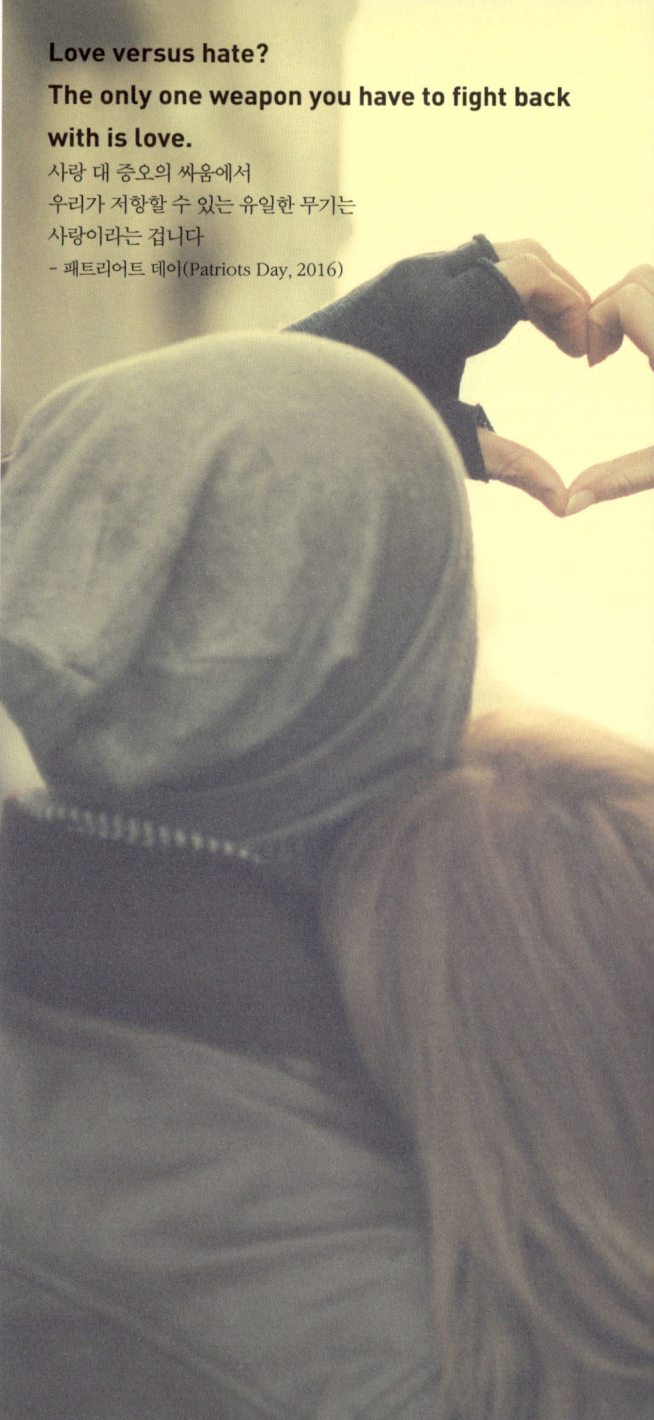

Love versus hate?
The only one weapon you have to fight back with is love.
사랑 대 증오의 싸움에서
우리가 저항할 수 있는 유일한 무기는
사랑이라는 겁니다
- 패트리어트 데이(Patriots Day, 2016)

전쟁의 비극, 재난의 비극… 수많은 비극이 수십만 명의 목숨을 빼앗아 갔지만, 우리가 절망만 하지 않는 것은 그래도 사랑이 있기 때문에.
비극을 이기는 것은 사랑입니다.

fight back
: (공격에) 강력히 맞서다, 반격하다
같은 의미로 사용할 수 있는 것에는 fight against가 있습니다.
Don't let them bully you. Fight back!
: 걔들이 널 괴롭히게 놔두지 마. 강력하게 맞서란 말야!

Day 4

I can still recall our last summer.

나는 아직도 우리의 지난 여름을 기억해
- 맘마미아(Mamma_Mia, 2008)

맘마미아 OST

한 때는 죽고 싶을 만큼 잊고 싶었던 기억이 지금은 한 순간도 놓치고 싶지 않을 만큼 절실해졌다는 걸 넌, 알까?

recall
: 기억해 내다, 상기하다

우리에게는 '(하자가 있는 제품을) 회수하다'라는 의미로 더 익숙한 동사지요? 이 동사가 타동사로 쓰일 때는 앞서 말한 의미와 함께 '소환(召還)하다, 돌아오도록 명령하다, 다시 불러들이다'라는 의미로 쓰이고, 자동사로는 '기억해 내다, 상기하다'의 의미로 사용됩니다.

Day5

로맨틱 코미디 영화를 좋아하는 사람이라면 이 영화의 명장면인 이 장면을 기억하고 있겠죠.
인기 여배우가 많은 사람들이 모인 인터뷰장에서 사랑하는 남자를 보며 내뱉는 말.
지위고하를 막론하고 사랑 앞에서는 모두가 평등해지는 법이랍니다.

fame
: 명성
관련 숙어로 'rise to fame 명성을 날리다'가 있지요.
I rose to fame.
: 내가 명성을 날렸었지.

in front of
: ~의 앞쪽의, ~가 있는 데서
우리가 잘 알고 있는 이 숙어에 'the'를 더해서 in the front of 가장 앞쪽에 라는 의미로 사용할 수 있습니다.
Put this food in the front of the table.
: 이 음식을 식탁 맨 앞에 놓아라.

I'm also just a girl standing in front of a boy, asking him to love her.

전 그저 한 남자 앞에 서서 사랑을 바라는 그런 여자일 뿐이에요.
- 노팅힐(Notting Hill, 1999)

영화 〈노팅힐〉 中 고백

Day 1

If she is the one who breaks the spell, you must finally learn to love.

만약 그녀가 그 저주를 풀어줄 사람이라면,
주인님은 결국 사랑하는 법을 배워야만해요.
– 미녀와 야수(Beauty and the Beast, 2017)

사랑을 주고, 받는 것을 배우기 전까지 우리는 그저 자신의 욕망에만 충실한 성 안에 숨어 사는 웅크린 야수에 지나지 않을 거예요.

the one
<u>one은 사람, 사물을 대신해서 가리키는 말로 사용할 수 있습니다. 이 문장에서는 '바로 그 사람'이란 뜻으로 사용되면서 앞에 the가 붙게 되었지요.</u>

Day2

I'm going to need you more than you need me.

네가 날 원하는 것보다
내가 널 원하게 될 거야.
- 러브&드럭스(Love And Other Drugs, 2010)

얼마 전 한 드라마에서 오래된 커플의 이별 장면을 본 적이 있습니다. 6년 동안 한 남자만을 바라보며 헌신했던 여자와, 잠시지만 다른 여자에게 흔들렸던 남자.
남자에게 이별을 고하며 여자는 말하죠.
"난 매순간 최선을 다 해서 후회가 없어. 후회는 네 몫이야."
이별의 순간, 우리는 알게 됩니다. 내가 최선을 다하지 못했었구나. 왜 좀 더 사랑하지 못했을까.

more than
: ~보다 많이, ~이상(의)
만약 more A than B와 같이 사용될 경우는 그 의미가 달라져, B라기 보다는 오히려 A하다는 뜻이 됩니다.
It is more than necessary.
: 필요 이상으로 많다.
He is more beautiful than ugly.
: 못 생겼다기보다는 그는 오히려 잘생겼다.

Day3

사람들은 사랑에 빠진다.
사람들은 서로에게 속하기도 한다.
왜냐하면 그것이 진정한
행복을 갖는 유일한 기회이기 때문이다.
- 티파니에서 아침을(Breakfast At Tiffany's, 1961)

People do fall in love.
People do belong to each other,
because that's the only chance
anybody's got for real happiness.

서영은, 아름다운 구속

아름다운 구속이라는 말이 있지요. 사랑은 기꺼이 자신의 권리나 자유를 내려놓으면서도 한없이 행복한 법입니다.

belong to~
: ~소유다, ~에 속하다
<u>누군가의 소유라는 의미와 함께 동아리나 단체 등에 소속되어 있다는 의미로도 사용되는 숙어입니다.</u>
Who does this book belong to?
: 이 책은 누구 거죠?
I don't belong to that crowd.
: 나는 그 패거리에 속하지 않는다.

Day 4

You accepted me for who I am and not for you wanted to be.

당신은 당신이 되길 바라는 내가 아닌,
나 그대로를 받아들여줬어요.
- 서약(The Vow, 2012)

권태기가 따로 있는 게 아니에요. 이렇게, 저렇게, 어쩌고저쩌고 사랑하는 사람을 향한 요구가 늘어난다면 지금이 당신의 사랑을 점검해볼 때입니다.

accept
: 받아들이다, 수락하다
<u>accept와 함께 자주 사용되는 단어들을 함께 익혀두면 좋습니다.</u>
accept a case
: 사건을 수임하다
accept the fate
: 운명을 받아들이다
accept criticism
: 비판을 수용하다
accept wholeheartedly
: 적극 수용하다

Day5

**Affection is when you see someone's strengths,
love is when you accept someone's flaws.**

애정은 누군가의 강함을 보는 것이고
사랑은 당신이 누군가의 결함을 받아들이는 것이다.
-원데이 (One Day, 2011)

원데이 예고편

나도 몰랐던 내 예쁜 말투, 예쁜 표정, 예쁜 습관에 대해 사랑스럽다는 듯 살짝 붉어진 얼굴로 이야기하는 그 저 사람, 정말 날 사랑하나 봐.

strengths
: 힘, 강점, 장점
flaws
: 결함, 흉, 허물

주로 장점과 단점이라고 이야기할 때는 strengths and weaknesses를 많이 사용합니다. 각각을 뜻하는 다른 단어들에는 어떤 것들이 있는지 살펴볼까요?
강점
: forte, advantage, speciality
흉, 허물
: faults, defects

Day1

> Who knows.
> This is the start of something wonderful
> or one more dream that I cannot make true.

누가 알았을까요?
당신과 내가 사랑에 빠질 줄.
그러니 누가 알겠어요?
당신과 내 사랑의 전개를.

**의문대명사 Who
: 누구, 어떤 사람(들)**

"Who Knows?"
이 문장은 '누가 알겠어?' 즉, '아무도 알 수 없다'는 의미를 가지고 있지요.
의문대명사 Who 뒤에 동사를 붙여 이런 문장들을 만들어 쓸 수 있답니다.
주의! 동사 뒤에 붙은 -s가 보이시나요? 동사는 3인칭 동사를 사용해야 합니다.

Who cares?
: 누가 신경이나 쓴대?(아무도 신경 쓰지 않는다)

누가 알까요?
이것이 황홀한 그 무언가의 시작일지
아니면 또 한 번 이루지 못할 한날 헛된 꿈일지.
- 라라랜드(La La Land, 2016)

Day2

We just keep missing each other.
Maybe we're just not meant to be.

우린 서로 계속 그리워만 해.
인연이 아닌가 봐.
- 러브 로지(Love, Rosie, 2014)

함께 있어도 그리운 사람.
손을 맞잡고 있어도 만져지지 않는 사람.
사랑이, 이렇게 외로운 게 맞는 건가요?

meant to be
meant to be는 말 그대로 그렇게 되기로 예정되어 있다. 즉, 운명이다 라는 의미로 주로 로맨스 영화에서 많이 사용됩니다.
This is meant to be.
: 이건 운명이야.

Day3

첫사랑은 만난 뒤에 비로소 알게 된다고 해요.
'아, 이게 사랑이구나. 지금까지 내가 한 게 뭐지?'
이런 생각이 들 때, 만난 거예요. 당신의 첫사랑을.

if not
: 그렇지 않다면

if로 시작하는 문장 뒤에 써서 다른 내용의 제안을 도입할 때 사용합니다.
I'll go if you're going. If not I'd rather stay at home.
: 네가 가면 나도 갈 거야. 그게 아니면 그냥 집에 있을래.

If not today, if not for you, I wonder never have known love at all.

오늘 네가 아니었으면
난 영영 사랑을 몰랐을 거야.
- 이프 온리(If Only, 2004)

Day 4

Love means never having to say you're sorry.

사랑이란 결코 미안하다는 말을 해선 안 되는 거예요.
- 러브 액츄얼리(Love Actually, 2003)

러브 액츄얼리 OST

누군가 이 장면을 보며 말했었다. "사랑은 미안한 짓을 해도 괜찮다는 거야, 아님 사랑하면 미안한 짓을 하지 말라는 거야?"

never
: 결코(절대, 한 번도) ~ 않다
<u>'반드시 ~ 해야 한다'는 의미의 have to와 함께 사용되었죠. 상당히 완곡한 표현임을 알 수 있습니다.</u>
You never help me.
: 넌 결코 나를 도와주는 법이 없어.
Never mind.
: 마음 쓰지 말아요.

Day5

Some of get dipped in flat,
Some in satin, Some in gloss.
But every once in a while, you find someone
who's iridescent,
and once you do, nothing will ever compare.

어떤 사람은 평범한 사람을 만나고,
어떤 사람은 광택 나는 사람을 만나고
어떤 사람은 빛나는 사람을 만나지.
하지만 모든 사람은 일생에 한 번 무지개 같이 빛나는 사람을 만난단다.
네가 그런 사람을 만났을 때 더 이상 비교할 수 있는 게 없어지지.
- 플립(Flipped, 2010)

사람을 다양한 질감으로 표현한 것이 참 재미있지요?
당신이 지금 만나고 있는, 혹은 만났던, 그도 아니면 꼭 만나고 싶은 사람은 어떤 사람인가요?
영화에서 말하는 것처럼 일생에 꼭 한 번 누구와도 비교할 수 없는 찬란한 사랑이 나를 찾아와준다면 얼마나 좋을까요.

flat
: 편평한, 평탄한
satin
: 광택이 곱고 부드러운 견직물
iridescent
: 무지갯빛의, 영롱한

Day1

The love inside,
you take it with you.

마음속의 사랑은
영원히 간직할 수 있어요.
- 사랑과 영혼(Ghost, 1990)

"마음으로 보면 다 보여요."
나이에 맞지 않게 수준 높은 작품들을 그려내는 꼬마 화가의 한 마디. 언제쯤 현실의 눈을 감고 마음으로 사랑을 바라볼 수 있는 멋진 사람이 될 수 있을까.

take it with you
: 휴대용의, 들고 다닐 수 있는
'가져가다'라는 의미가 있는 take with를 떠올리면 이 표현의 의미가 자연스럽게 이해됩니다.
'휴대용의'라는 의미의 표현이 이 영화 대사에서는 이렇게 로맨틱하게 표현되었네요.
You can easily take it with you wherever you go.
: 그것은 어디에 가든지 쉽게 가지고 다닐 수 있어.

Day 2

Our love is like the wind, I can't see it, but I can feel it.

우리의 사랑은 바람과 같아서 볼 수는 없지만 느낄 수 있다.
- 워크 투 리멤버(A Walk To Remember, 2002)

눈에 보이지 않는다고 해서 존재하지 않는 건 아니죠. 당신과 내가 이미 느끼고 있으니까요.

like
: ~처럼, ~같이

like는 동사로 쓰일 때는 '좋아하다'라는 의미로 쓰이지만, 영화 속 대사처럼 전치사로 쓰일 때에는 '~처럼, ~와 비슷한'의 의미로 쓰입니다.

워크투리멤버 한 장면

Day3

**I want love or death.
That's it.**

사랑 아니면 죽음이에요.
- 레옹(Leon, 1994)

레옹 MV

난 너 없인 못 살아! 울고 불며 매달리고 자다가도 달려가 만나고 싶고 전화기에 열이 올라 꺼질 때까지 통화를 해대던 그 볼이 발그레 했던 스무 살의 대책 없던 사랑이 그리운 요즘.

that's it
: 바로 그것이다
어떤 상황에서 이 표현을 사용하느냐에 따라 분위기나 어조가 많이 달라집니다.
That's it. Good luck.
: 바로 그거예요. 잘해 봐요.
No, that's it.
: 아니요, 됐어요.

Day4

쓸모없는 감정이 있을까요?
쓸모없는 사랑이 있을까요?
혼자 하는 사랑도 아주 쓸모없는 건
아니랍니다.

wasted
: 헛된

'낭비하다'라는 의미의 동사 waste가 형용사로는 '헛된'이라는 의미를 갖게 됩니다. 이 대사에 쓰인 'wasted heart'의 경우, '헛된 마음'이라고 해석할 수 있겠죠. 즉, '가슴 아프지만'이라고 해석할 수 있습니다.

To me, You are perfect and my wasted heart will love you.

당신은 내게 완벽해요.
당신에겐 이런 감정이 소용없겠지만, 난 당신을 사랑해요.
- 러브 액츄얼리(Love Actually, 2003)

Day5

You ever feel like when you met someone, they
fill this hole inside of you,
and then when they're gone... you fell that space
painfully vacant?

너도 누군가를 만났을 때, 이런 느낌 가진 적이 있을 거야.
그 사람의 동공 속에 네가 채워지고 그 사람이 떠났을 때…
그 공간이 고통스럽게 비어버린 느낌.
- 아이 오리진스(I Origins, 2014)

영국의 소설가 조지 앨리엇은 말했습니다.
이별의 아픔 속에서만 사랑의 깊이를 알게 된다고.

painfully
: 극도로, 고통스러울 정도로, 아주 힘들게

painfully는 아픔, 통증, 고통이라는 뜻의 명사 pain의 부사형입니다. 형용사형으로는 '아픈, 고통스러운'이란 의미의 painful이 있지요. 부사는 동사나 형용사를 꾸며주는 기능을 하고, 형용사는 명사를 꾸며주는 기능을 하기 때문에 헷갈리지 말고 잘 사용해야 합니다.

Day1

If you do not love me, I love you enough for both.

만약 당신이 나를 사랑해주지 않는다면,
내가 두 사람 몫만큼 사랑하겠어요.
- 누구를 위하여 종은 울리나(For Whom The Bell Tolls, 1943)

더 사랑하는 사람이 낮아질 수밖에 없는 사랑의 갑을관계.
한 시인은 노래합니다. 낮은 곳에 있겠다고.
잠겨 죽어도 좋으니 너는 물처럼 내게 밀려오라*고.
- 이정하, 〈낮은 곳으로〉

enough for
: ~에 있어서 충분한

That much is good enough for me.
: 저만하면 충분해요.

Is it spacious enough for us?
: 다 들어갈 수 있어요?

아이유, 을의 연애

Day2

Here's looking at you, kid.

당신의 눈동자에 건배.
— 카사블랑카(Casablanca, 1942)

당신의 눈을 보면 심장이 두근대고 숨이 가빠지고 감기에 걸린 것처럼 열이 올라요.
나, 취한 걸까요?

Here's looking at you.
워낙 유명한 영화 대사로, 이미 관용적 표현으로 굳어졌지요.
사람들과 술잔을 기울일 때, 짧게 줄여서 사용할 수 있어요.
Here's looking! Cheers!
: 건배! 건배!
Here's how! Cheers!
: 건배! 건배!

Day 3

You always did look pretty, just pretty nigh good enough to eat.

당신은 언제나 귀엽다.
한입에 먹고 싶도록 예쁘다.
- 자이언트(Giant, 1956)

내가 예뻐 미칠 것만 같다는 너의 표정.
고맙다, 너의 아낌없는 사랑이.

nigh
: 거의

well과 함께 '아주 거의'라는 의미로 쓰이기도 합니다. 그 외에도 on, onto 등과 함께 '~에 가까이'라는 의미로도 쓰입니다.

They've lived in that house for nigh on 30 years.
: 그들은 (지금까지) 그 집에서 거의 30년을 계속 살았다.

더 필름, 예뻐

Day4

Parting is such sweet sorrow,
that I shall say good
night till it be tomorrow.

작별은 이처럼 달콤한 슬픔이기에
날이 샐 때까지 안녕을 말하고 있는 거예요.
- 로미오와 줄리엣(Romeo + Juliet, 1996)

어떤 이는 말했습니다.
인간의 감정은 누군가를 만날 때와 헤어질 때 가장 순수하며 가장 빛난다고.

till
: ~까지 (줄곧), ~이 되기까지, ~에 이르기까지
till now(then)
: 지금(그때)까지
비슷하게 쓸 수 있는 단어로는 until, up to 등이 있습니다.

Day 5

**You only have to forgive once.
To resent,
you have to do it all day, every day.**

용서는 한 번이면 되지만 미움과 증오는 평생 남아.
- 파도가 지나간 자리(The Light Between Oceans, 2016)

용서가 손해라고 생각하지 마세요. 용서는 상대만이 아닌 나 자신을 위한 행위일 수도 있으니까요.

resent
: 분하게 여기다, 분개하다
resent는 원래 동사인데, 이 문장의 경우 전치사 to와 함께 사용하여 '화내는 것'이란 의미로 사용되었습니다. 이 영화 자막을 번역한 분은 이것을 미움과 증오라고 표현했군요.

파도가 지나간 자리 예고편

What's a problem for you?
문제가 뭐야?

You, probably.
아마 너인 것 같아.

-비포선라이즈(Before Sunrise, 1995)

Day1

그 사람 생각에 매일 타던 버스도 반대로 타고 잠자리에 누워서도 피식피식 웃음이 나 뒤척이고 일을 하면서도 온 신경이 휴대폰에 가 있는 나.
당신, 정말 문제네요.

be a problem
: 문제가 되다
I don't think that will be a problem.
: 그건 문제없을 겁니다.
probably
: 아마
You're probably right.
: 당신이 아마 맞을 거예요.

Day2

초조함, 들뜸, 설렘, 서운함, 질투, 충만함…
태어나서 한 번도 느껴본 적 없는 새로운 감정들.
사전 속 글로만 배웠던 감정들이 느껴지는 순간.

make, feel
make는 '~하게 만들다'는 의미를 갖고 있고, feel은 '느끼다'는 의미를 갖고 있지요.
이 두 단어가 합쳐져서 만들어진 숙어들 중에 자주 사용되는 숙어들 몇 개를 소개합니다.

make ~ feel better
: ~를 기분 좋게 만들다
make somebody feel dizzy
: 현기증을 일으키다
make somebody feel welcome
: ~를 환영하다
make one feel happy
: 사람을 기쁘게 해주다

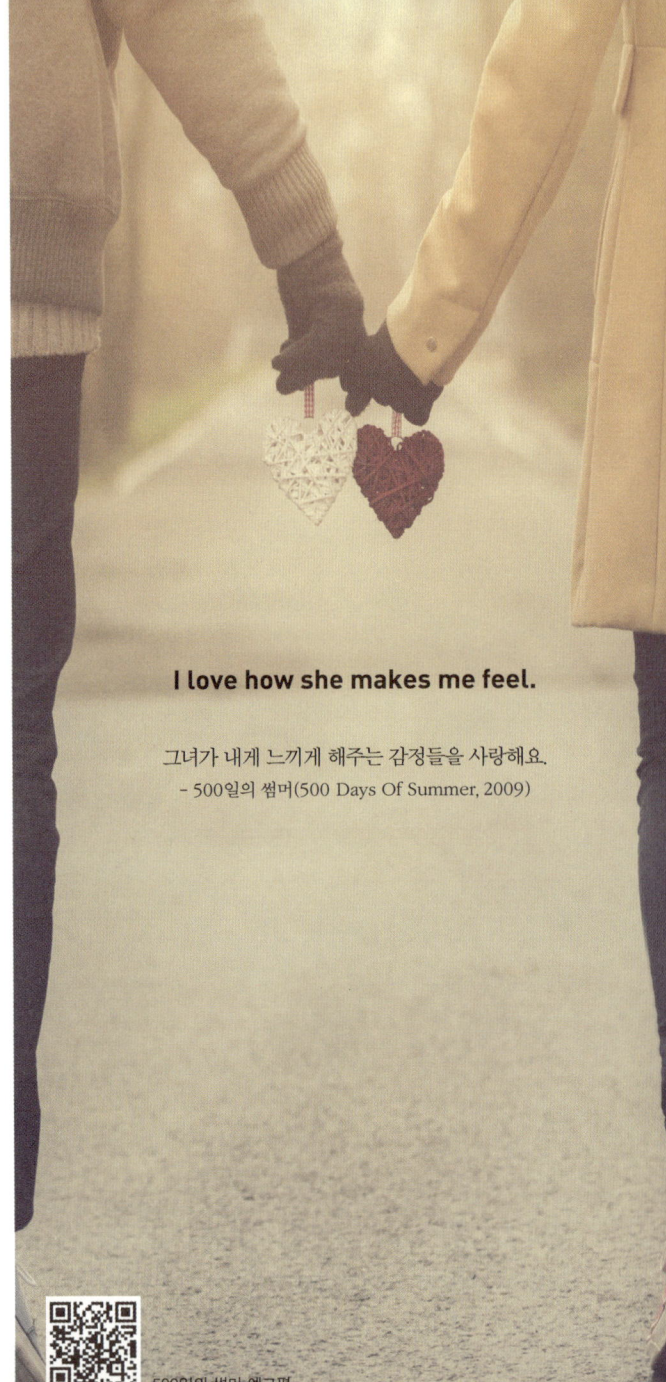

I love how she makes me feel.

그녀가 내게 느끼게 해주는 감정들을 사랑해요.
- 500일의 썸머(500 Days Of Summer, 2009)

500일의 썸머 예고편

Day3

I'm not gonna let anyone put me in a cage.
I don't want to put you in a cage,
I wanna love you.
The same thing!

그 누구도 저를 새장 안에
가두게 하지는 않을 거예요.
나는 너를 가두려는 게 아니야,
나는 너를 사랑하고 싶어.
똑같은 거예요!
— 티파니에서 아침을(Breakfast At Tiffany's, 1961)

원치 않는 사랑은 폭력과 다름없지요. 두 사람이 동시에 행복하든, 두 사람이 동시에 아프든, 사랑은 두 사람이 같은 감정을 공유할 때 유효한 법입니다.

let + 목적어 + 동사
: ~에게 ~시키다, ~하게 해주다,
~할 것을 허용하다(allow to)
이 구문을 가장 잘 익힐 수 있는 문장은 영화 OST로 너무도 유명했던 'Let it go.'라는 표현이겠네요. 관련된 숙어 몇 가지를 더 알아볼까요?
let a person know
: ~에게 알리다
let somebody go
: ~를 풀어 주다, 석방하다

If you love someone, don't think twice.

누군가를 사랑한다면 두 번 생각하지 마세요.
-플루토에서 아침을(Breakfast On Pluto, 2005)

놓치고 후회하지 마세요.
기회가 왔을 때 얼른 빠져버리는 게 사랑에 대한 예의랍니다.

twice
: 두 번, 두 배
<u>관련해서 자주 쓰이는 숙어들로는 once or twice(한두 번), in twice(두 번에 걸쳐서, 2회로 나누어서) 등이 있습니다.</u>
I don't know her well, I've only met her once or twice.
: 난 그녀를 잘 몰라. 한두 번 만났을 뿐이야.
I passed the exam in twice.
: 난 그 시험을 두 번에 통과했다.

Day5

Love is having the courage
to be able of love.

사랑이란 사랑할 수 있는
용기를 말합니다.
- 버킷리스트(Bucket List, 2007)

아직 남은 공부 때문에.
내 환경이 아직…
사랑을 하지 못할 이유는 무수히 많습니다.
하지만 그 이유들에 발목 잡힐 여유조차 없는 것이 사랑이지요.

courage
: 용기

비슷한 의미로 사용할 수 있는 단어로는 daring, gallantry등이 있습니다. 관련된 재미있는 표현으로는 Dutch courage가 있는데요. 바로 술김에 내는 용기라는 뜻이랍니다. 국적을 불문하고 술이 용기를 부르고 그 용기가 다음날 아침 이불킥을 부르는 건 비슷한가봅니다.

Day1

가수 god의 노래 가사 중에 이런 유명한 구절이 있지요.
'어머니는 자장면이 싫다고 하셨어.'
나보다 더 소중한 존재가 생긴다는 것. 그게 진짜 사랑이 아닐까요?

put
: (특정한 장소·위치에) 놓다, 두다, 넣다, 얹다

대사는 '자신보다 앞에 상대를 두는 것'이라는 의미가 되겠지요. 그래서 역자는 이것을 우선순위로 해석해놓았네요. 참고로 우선순위를 뜻하는 단어로는 priority가 있습니다.

True love is putting someone else before yourself.

사랑이란 상대가 원하는 것을 네가 원하는 것보다 우선순위에 놓는 거야.
- 겨울왕국(Frozen, 2013)

겨울왕국 OST

Day2

사랑은 그저 줄 수 있음에 감사하고 더 주지 못해 미안해하는 것뿐.

for free
: 공짜로, 무료로, 무상으로
비슷한 표현으로는 on free가 있습니다.
Nothing is for free.
: 세상에 공짜는 없지요.
Return of Product on Free Trial
: 무료사용 상품 반환문

Day3

사람과 사람 사이에 가장 중요한 건 뜨거운 것이 아니라 지치지 않는 것입니다.

keep in mind
: 명심하다

'마음을 지킨다'라고 keep과 mind의 뜻을 생각하면 쉽게 이해가 갑니다. keep in 뒤에 어떤 단어를 사용하느냐에 따라 뜻이 달라집니다.

keep in touch
: 연락을 유지하다

keep in supply
: 뒤를 대다

Keep in shape
: 건강을 유지하다

Please, try to keep in mind that takes time.

사랑하는 데는 시간이 걸린다는 것을 명심하세요.
- 킹 랄프(King Ralph, 1991)

Day 4

I saw you and the world went away.

너를 보는 순간 세계는 어디론가 사라지고 말았다.
- 웨스트 사이드 스토리(West Side Story, 1961)

우주에 우리 둘만 있는 느낌. 마치 블랙홀에 빨려 들어가듯 서로에게 무서울 정도로 빠져드는 사랑의 시작 단계.

go away
: (사람·장소를) (떠나)가다

went는 go의 과거형으로, '가버리다, 사라져 버리다'라는 표현으로 쓰였습니다. 여기에 with를 더하면 '~을 갖고 사라지다, ~을 갖고 도망치다'와 같은 표현이 가능합니다.

Just go away!
: 그냥 가 줘!

I felt a sense of betrayal when she went away with my money.
: 그녀가 내 돈을 갖고 도망쳤을 때 배신감을 느꼈다.

Day5

I love you.
But I love me, more.

널 사랑해.
하지만 나는 나를 더 사랑해.
- 섹스 앤 더 시티(Sex And The City, 2008)

자신을 지키지 않은 사랑은 결코 오래가지 못합니다. 누군가를 진정으로 사랑하고 싶다면, 자신을 더 소중히 여겨야 합니다.

I love myself.
: 나는 나를 사랑해.

원래 대사처럼 I love me.라고 말하면 틀린 말이 됩니다.
대명사 주어와 대명사 목적어가 같은 사람(동일인)인일 때 그것을 목적어로 쓰려면 원래 재귀대명사를 써야 합니다. 따라서 I love myself.가 되어야 맞지요.

Day1

I love this heart shaped birthmark she has on her neck.
I love the way she sometimes licks her lips before she talks.

난 그녀의 목에 있는 하트모양 점을 사랑해.
난 그녀가 말하기 전에 입을 핥는 것도 사랑해.
- 500일의 썸머(500 Days Of Summer, 2009)

사랑.
상대방의 작은 점 하나, 사소한 습관 하나까지도 놓치지 않는 것.

birthmark
: 모반, 점
I have a birthmark on my left cheek.
: 나는 왼쪽 빰에 점이 있다
lick
: 핥다, 핥아먹다.
: 혀를 날름거리다
He licked his fingers.
: 그가 자기 손가락을 핥았다.

Day 2

최선을 다하지 않은 사랑은 후회만을 남깁니다.
오늘, 최선을 다해 사랑하지 못했다면 지금이라도 말하세요.
사랑한다고. 더 사랑하겠다고.

every day
: 매일
every single day
: 하루도 안 빠지고 매일

두 표현의 느낌이 다르지요? 두 번째가 좀 더 완곡한 표현이라고 생각하면 되겠네요.
그럼 이틀에 한 번이라고 말하고 싶으면 어떻게 해야 할까요?

every other(second) day
: 이틀에 한 번

My biggest crime is that I didn't tell you loved you every single day.

내 가장 큰 죄는 당신에게 사랑한다고 매일 말하지 못한 거야.
– 화이트 칙스(White Chicks, 2004)

Day 3

I'm 63 years old and I'm in love for the first time in my life.

난 올해 63세이고, 지금껏 살며 처음으로 사랑에 빠졌어요.
-사랑할 때 버려야 할 아까운 것들(Something's Gotta Give, 2003)

63세에 처음 사랑에 빠지는 사람의 삶은 대체 어떤 모습이었을까요? 혹시 지금 망설이고 있다면, 두 눈 꼭 감고 빠져보는 건 어때요? 누가 알겠어요. 지금 놓친 사랑 때문에 환갑이 다 되어서야 다시 사랑에 빠지게 될지.

be in love
: 사랑에 빠지다
You love to be in love.
: 당신은 사랑에 빠지는 걸 좋아해요.
완전히 빠졌다는 표현으로는 be head over heels in love with (~에게 완전히 빠지다)가 있습니다.

사랑할 때 버려야 할 아까운 것들 예고편

Day 4

**When you realize you want to spend the rest of your life with somebody,
you want the rest of your life to start as soon as possible.**

누군가와 여생을 함께하고 싶다는 걸 깨닫고 나면,
우리는 어떻게든 그 여생을 빨리 시작하고 싶어 한다.
- 해리가 샐리를 만났을 때(When Harry Met Sally, 1989)

서두르세요.
생각보다 우리 인생이 그리 길지 않답니다.
하루라도 더 함께하세요.

**as soon as possible
: 가능한 빨리**
같은 의미로 사용할 수 있는 숙어로는
at the earliest, in no time이 있습니다.

Day5

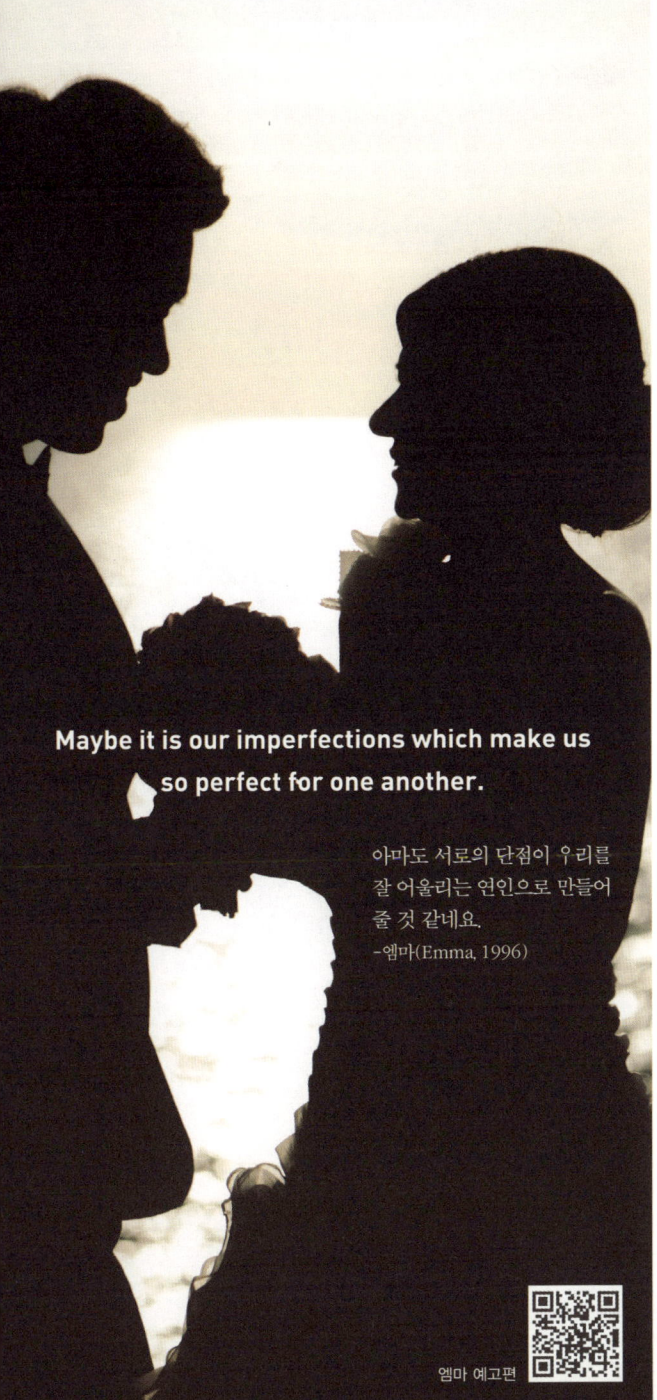

Maybe it is our imperfections which make us so perfect for one another.

아마도 서로의 단점이 우리를
잘 어울리는 연인으로 만들어
줄 것 같네요.
-엠마(Emma, 1996)

엠마 예고편

사랑은 모든 어려움과 반대요소를 기어코 이겨내고야 맙니다.
사랑하는 사람에게 그렇게 든든한 사랑이 되어주세요.

it is~ Which
문장에서 강조하고 싶은 부분을 위치 앞으로 가져다 놓으면 뜻을 더 강조할 수 있습니다. 이 대사에서는 서로의 단점을 강조하고 있지요.

Day1

Marry me?
Make me the happiest man in the world.

나랑 결혼해줄래?
날 이 세상에서 가장 행복한 남자로 만들어줘.
- 노트북(The Notebook, 2004)

누군가에게는 결혼이 미친 짓이지만 누군가에게는 결혼이 세상 가장 행복한 짓.
불평보단 행복을 아는 사람을 만날 수 있길.

Marry me
영화 대사는 눈빛과 말투, 상황의 개연성에 따라 'Marry me?'라고 말하지만 이것은 맞지 않는 표현입니다. 완성된 문장으로 쓰자면, Would you marry me?(나랑 결혼해줄래?)라고 써야 합니다. 그렇지 않으면 '나와 결혼해.'라는 명령문이 되어 버립니다.

Day2

Worst than the total agony of being in love?

사랑보다 더 큰 고통이 있나요?
- 러브 액츄얼리(Love Actually, 2003)

상처받을 마음으로 사랑을 시작했다면 절대 아쉬움은 없을 텐데. 이렇게 끈질긴 사랑은 누굴 위하는 걸까.

agony
: 극도의 (육체적·정신적) 고통, 괴로움
suffering
: 고통, 괴로움, 고난
pain
: 아픔, 고통
distress
: 고민, 비통, 비탄
misery
: 비참, 궁상, 곤궁
torment
: 고통, 격통, 고뇌
hardship
: 곤란, 신고, 결핍

Day3

**I couldn't hear your voice. I couldn't laugh about it with you.
I missed you. I missed my wife.**

당신의 목소리를 들을 수 없었어. 함께 웃을 수도 없었어.
난 당신이 간절히 보고 싶어졌어.

- 제리 맥과이어(Jerry Maguire, 1996)

마음대로 되는 게 사랑이겠어요?
나도 사랑에 빠진 나를 어쩌지 못 하겠어요.
당신이 간절해요.

miss
: 그리워하다
<u>비슷한 의미의 단어로는 long for, pine for, (literary) yearn for 등이 있습니다.</u>
He will be greatly missed when she leaves.
: 그가 떠나면 대단히 그리울 것이다.
What did you miss most when you were in Korea?
: 한국에 있을 때 제일 아쉬웠던 게 뭐였나요?

제리 맥과이어 中 고백 장면

Day4

I have always loved you.

난 항상 널 사랑했단다.
- A.I.(Artificial Intelligence, 2001)

세상에는 빵 한 조각 때문에 죽어가는 사람도 많지만, 작은 사랑도 받지 못해서 죽어가는 사람은 더 많다.
- 마더 테레사

당연하다고 생각해서, 늘 곁에 있어서, 알 거라는 믿음에 사랑을 표현하는 데 인색했던 사람이 있나요? 지금이라도 사랑했노라고, 여전히 사랑한다고 말해주세요. 말하지 않으면 평생 알 수 없을지도 모릅니다.

always
: 항상, 언제나
<u>always</u>로 이루어진 자주 사용하는 숙어들을 좀 더 알아볼까요?
as always
: 늘 그렇듯(언제나처럼)
be always doing
: ~하기 일쑤다
once a~, always a~
: 한 번 ~는 영원한 ~이다
almost always
: 거의 언제나

Day5

어떤 멋진 풍경을 봐도 그 사람이랑 같이 왔으면 싶고, 어떤 맛있는 음식을 먹어도 그 사람 생각뿐이고, 어떤 멋진 선물을 받아도 별 감흥이 없는 건 그 사람보다 더 날 만족시키는 것은 없기 때문에.

nor
: (~이 아닌 것은) ~도 그렇다, 마찬가지이다
I'm not going.
: 난 안 갈 거야.
Nor am I.
: 나도 그래.

lovelier
: lovely의 비교급 더 아름다운, 보다 아름다운
Flowers make life lovelier.
: 꽃은 인생을 보다 더 아름답게 한다.

Nor art, not nature ever created a lovelier thing than you.

예술도 자연도 이제까지 그대보다 아름다운 것을 만들어 내진 못했소.
- 텍스(Tex, 2016)

Day1

Ain't it just great to be in love?

사랑한다는 것은 정말 위대한 것이지요?
- 로즈(The Secret Scripture, 2017)

로즈 예고편

그만큼 사랑하는 것이 어렵다는 말이겠지요.

Ain't는 am not/is not/are not의 축약형 또는 has not/have not의 축약형 그럼 이 문장에서는 Is not으로 대체할 수 있겠지요.
Isn't it just great to be in love? 이렇게 말이죠.
Ain't it a shame?
: 너무 지나치지 않아요?
That ain't true.
: 그것은 사실이 아니다.
You ain't seen nothing yet!
: 정말 재미있는 것은 이제부터라고!

Day2

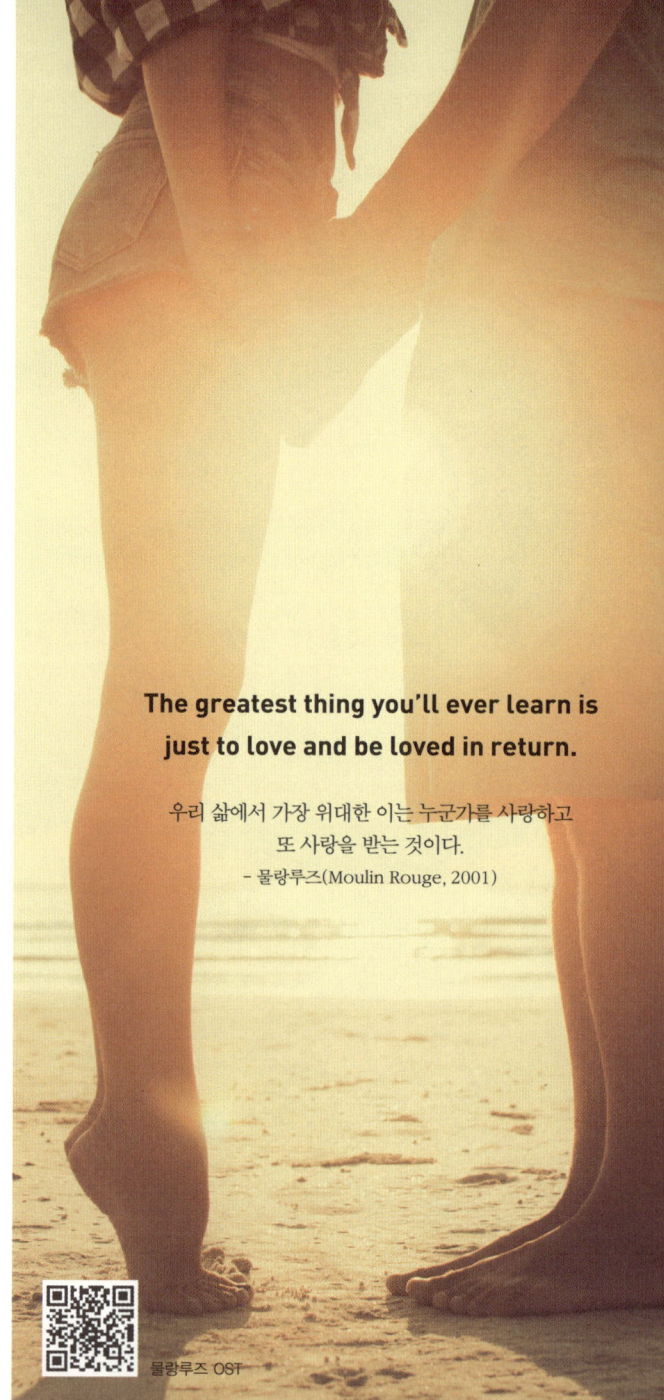

한 사람이 다른 사람을 사랑하는 것. 이는 모든 일 중 가장 어려운 일이고, 궁극적인 최후의 시험이자 증명이며, 그 외 모든 일은 이를 위한 준비일 뿐이다.
-라이너 마리아 릴케

greatest
: 가장 위대한, 가장 훌륭한

great의 최상급 표현이지요. 이처럼 형용사를 최상급으로 만들 때는 어미에 est를 붙입니다. 어미가 자음+y로 끝나면 y를 i로 고친 후 est를 붙이면 되고, 단음절일 경우 자음을 하나 겹친 후 est를 붙입니다.

tall → tallest
fat → fattest
easy → easiest

The greatest thing you'll ever learn is just to love and be loved in return.

우리 삶에서 가장 위대한 이는 누군가를 사랑하고
또 사랑을 받는 것이다.
- 물랑루즈(Moulin Rouge, 2001)

물랑루즈 OST

Day3

I'd rather lose you than destroy.

당신을 파멸시키기 보다는 차라리 당신을 잃겠어요.
- 마리아스 러버(Maria's Lovers, 1984)

영국 소설가 아이리스 머독은 사랑에 대해 이렇게 말했습니다.
사랑은 자신 이외에 다른 것도 존재한다는 사실을 어렵사리 깨닫는 것이다.
나보다 상대방을 더 생각하는 마음, 그것이 바로 진정한 사랑이 아닐까요?

would rather~ (than)
: (~하기 보다는 차라리) ~하겠다, 하고 싶다

rather 대신 sooner를 써도 됩니다. 예문을 통해 눈에 좀 더 익혀볼까요?

I would rather go skiing tomorrow than today.
: 나는 오늘이 아니라 내일 스키타러 가는 게 좋아.

I would rather die than disgrace myself.
: 수모를 당하느니보다 차라리 죽는 편이 낫겠다.

Day 4

인생에 있어서 최고의 행복은 우리가 사랑받고 있음을 확신하는 것이라고 합니다.
그러니 사랑받지 못하는 것만큼 쓸쓸하고 불행한 일이 또 있을까요.

awful
: 끔찍한, 지독한
It's awful, isn't it?
: 끔찍하지, 안 그래?
The weather last summer was awful.
: 작년 여름은 날씨가 끔찍했다.

worst
: (bad의 최상급) 가장 나쁜, 최악의
That's the worst.
: 최악이다.
What's the worst thing that could happen?
: 발생할 수 있는 최악의 일이 무엇인가요?

**It's awful not to be loved,
It's the worst thing in the world.**

사랑받지 못한다는 것은 이 세상에서 가장 괴로운 것이다.
- 에덴의 동쪽(East Of Eden_1955)

Day5

You complete me.

당신은 날 완벽하게 해요.
- 제리 맥과이어

Keyshia Cole, You Complete Me

당신 때문에 내가 더 발전했다는 이야기가 아니에요.
당신이 내게 와서 비로소 내가 완벽해졌어요.

complete
: ~을 완전(완벽)하게 만들다

complete는 동사와 형용사로 모두 사용되는데, 그 의미가 조금씩 달라집니다. 여기서는 ~을 완전하게 하다로 사용되었지만, 완료하다, 끝마치다 (서식을 빠짐없이) 기입하다[작성하다] 등의 의미로도 사용됩니다. 형용사로는 가능한 최대의, 완벽한, 필요한 모든 것이 갖춰진, 완료된 등의 의미로 사용됩니다.

Day1

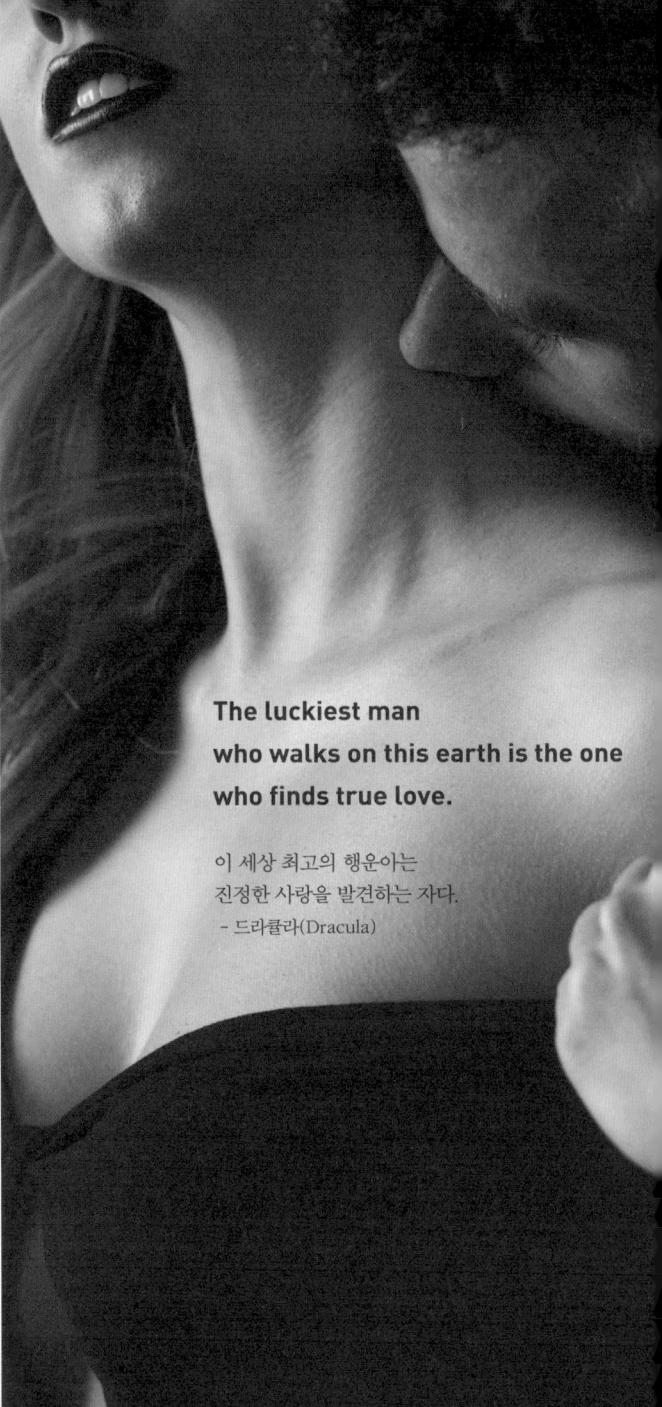

진정한 사랑은 가만히 앉아서 기다리기만 하는 것이 아니라 발견하는 것입니다.
등잔 밑이 어둡다고 하지요?
혹시 아직 제대로 된 사랑을 못해본 게 아니라, 사랑을 발견하지 못한 건 아닌가요?

who
: ~하는 (사람)

여기서 who는 사람을 나타내는 선행사를 받는 제한적 용법으로 사용되고 있습니다. 어떤 who가 어떤 이를 나타내고 있는지 생각하며 대사를 다시 한 번 읽어보세요.

He is the boy who broke the window.
: 그가 창을 깬 소년이다

The luckiest man who walks on this earth is the one who finds true love.

이 세상 최고의 행운아는
진정한 사랑을 발견하는 자다.
- 드라큘라(Dracula)

Day2

**I love you very much.
Probably more than anybody
could love another person.**

너무 사랑합니다.
분명, 누구도 이렇게까지 누군가를 사랑할 수는 없을 거예요.
- 첫키스만 50번째(50 First Dates, 2004)

첫키스만 50번째 예고편

이 얼마나 달콤한 고백인가요. 비록 내가 첫사랑은 아니지만, 태어나 이렇게 사랑한 사람은 나뿐이라는, 앞으로도 이런 사랑은 못할 거라는 한없이 든든한 이 고백.

**probably
: 아마, 필시, 대개는**
추측과 가능성을 나타내는 단어이지요. 이와 비슷한 의미로 사용되는 단어로는 maybe, possible이 있습니다.
이들의 차이는 신뢰도가 어느 정도이냐 인데요.
가장 신뢰성이 높은 단어가 probably 이고, maybe는 신뢰도 50%, possible 은 신뢰도 20% 정도의 의미라고 생각하고 사용하면 된답니다.

Day 3

영화 〈300〉에서 레오니다스 왕의 마지막 대사입니다.
당신의 마지막 순간, 부르게 될 단 한 사람은 누구인가요?

my
: 나의, 내

my의 뜻을 모르는 사람은 없겠지요. 하지만 알고 계셨나요? my에 대한 사전 내용 중 특별히 '애정을 담아 누구를 부를 때 씀'이라고 따로 그 뜻을 하나 더 표기하고 있다는 사실을요. 이 얼마나 로맨틱한지.

My Queen, my Wife, my Love.

나의 여왕, 나의 부인, 나의 사랑이여.
- 300(300: Rise of an Empire, 2014)

Day 4

**You could be happy here.
I could take care of you.
We could grow up together, ET.**

여기서도 행복할 수 있어. 내가 너를 돌봐줄게.
우린 같이 자랄 수 있단 말이야.
-이티(E.T., 1982)

사랑하면 돌보고 싶어집니다.
마치 엄마처럼, 아빠처럼 그 사람의
불편함을 돌보고 싶어지죠.
그렇게 연인에서, 친구에서 가족이
되어 가는가 봅니다.

take care of
: ~을 돌보다, 뒷바라지하다, ~에 조심하다, 신경을 쓰다, ~을 소중히 하다

비슷한 의미로 사용할 수 있는 숙어로는 look after, care for 등이 있습니다. 단, care for는 'like'의 뜻으로 더 흔히 쓰입니다.

I don't really care for spicy food.
: 나는 사실 향신료가 많이 들어간 음식은 좋아하지 않아요.

Day 5

누가 봐도 끝이 뻔한 무모한 사랑이라 해도 하지 않고 후회하느니 원 없이 해보고 그 대가를 달게 받는 게 사랑에 대해 더 책임 있는 행동이 아닐까요.

curse
: 저주하다, 악담하다
Legend has it that the whole village had been cursed by a witch.
: 그 마을 전체가 한 마녀의 저주를 받았다는 전설이 있다.

hunt
: 사냥하다
Tonight, we hunt!
: 오늘 밤, 오늘 밤 사냥을 나선다!

burn
: 타다, 불태우다
The house was burnt to the ground.
: 그 집은 폭삭 다 타 버렸다.

If you come, we will never be safe.
Men will hunt us. The Gods will curse us...
But I will love you.
Until the day they burn my body, I will love you.

날 따라가면 무사하지 못하겠죠.
사람들은 우리를 사냥하고, 신들이 우릴 저주할 수도 있겠죠.
하지만 내가 당신을 사랑하잖아요.
내 몸이 타죽을 때까지 당신을 사랑하겠어요.
- 트로이(Troy, 2004)

Day1

**Every man always wants to be the first love of his woman.
However every woman wants to be the last love of her man
by little more subtle instinct.**

남자는 항상 여자의 첫사랑이 되기를 원한다.
반면 여자는 좀 더 미묘한 본능이 있어
그들이 남자의 마지막 사랑이길 원한다.
- 트루 로맨스(True Romance, 1993)

남자와 여자는 본질적으로 다른 존재지요.
생김새도, 생각하는 것도, 원하는 것도 다 다르지만 단 한 가지 서로에게 특별한 존재가 되길 바라는 건 같답니다.
그 사람이 원하는 대로 특별하게 사랑해주세요.

instinct
: 본능, 타고난 소질
maternal instincts
: 모성 본능
homing instinct
: 귀소 본능
by instinct
: 본능적으로

Day2

사랑할 때 빠지기 쉬운 오만과 편견. 하지만 운명은 사랑을 따라 변합니다.

bewitch
: 마법을 거는, 사로잡다, 매료하는
<u>약간은 생소하지만 은근히 많이 사용하는 단어입니다.</u>
Did she bewitch you?
: 그녀가 널 사로잡았니?
It feels like I've been bewitched.
: 뭔가 홀린 것 같아.

You have bewitched me, body and soul, and... I love you.

나에게 매료되어 버린 몸도, 마음도... 사랑해.
- 오만과 편견(Pride & Prejudice, 2005)

오만과 편견 예고편

Day3

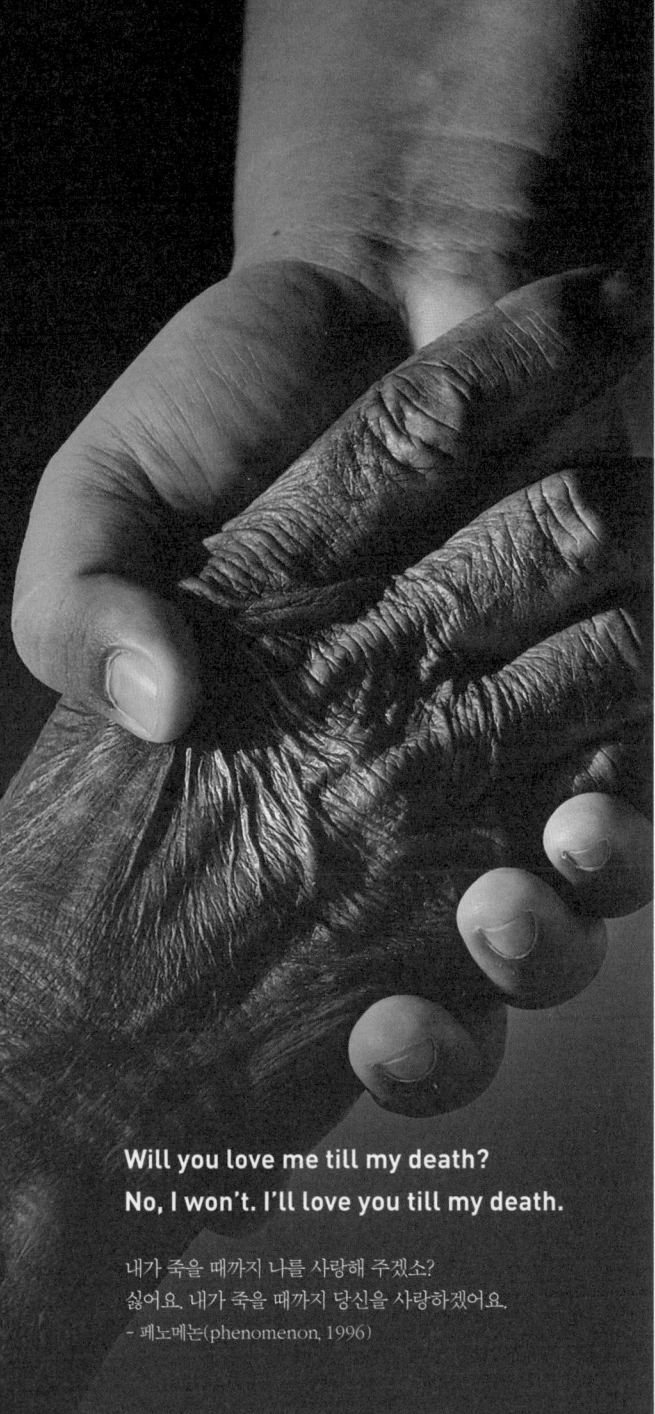

사랑한다면, 이미 죽음은 아무 문제가 되지 법이지요.

death
: 죽는 것, 죽음, 사망
cheat death
: 죽음을 모면하다
put somebody to death
: ~를 처형하다
escape death
: 목숨을 건지다
fight to death
: 죽을힘을 다해 싸우다

Will you love me till my death?
No, I won't. I'll love you till my death.

내가 죽을 때까지 나를 사랑해 주겠소?
싫어요. 내가 죽을 때까지 당신을 사랑하겠어요.
- 페노메논(phenomenon, 1996)

Day 4

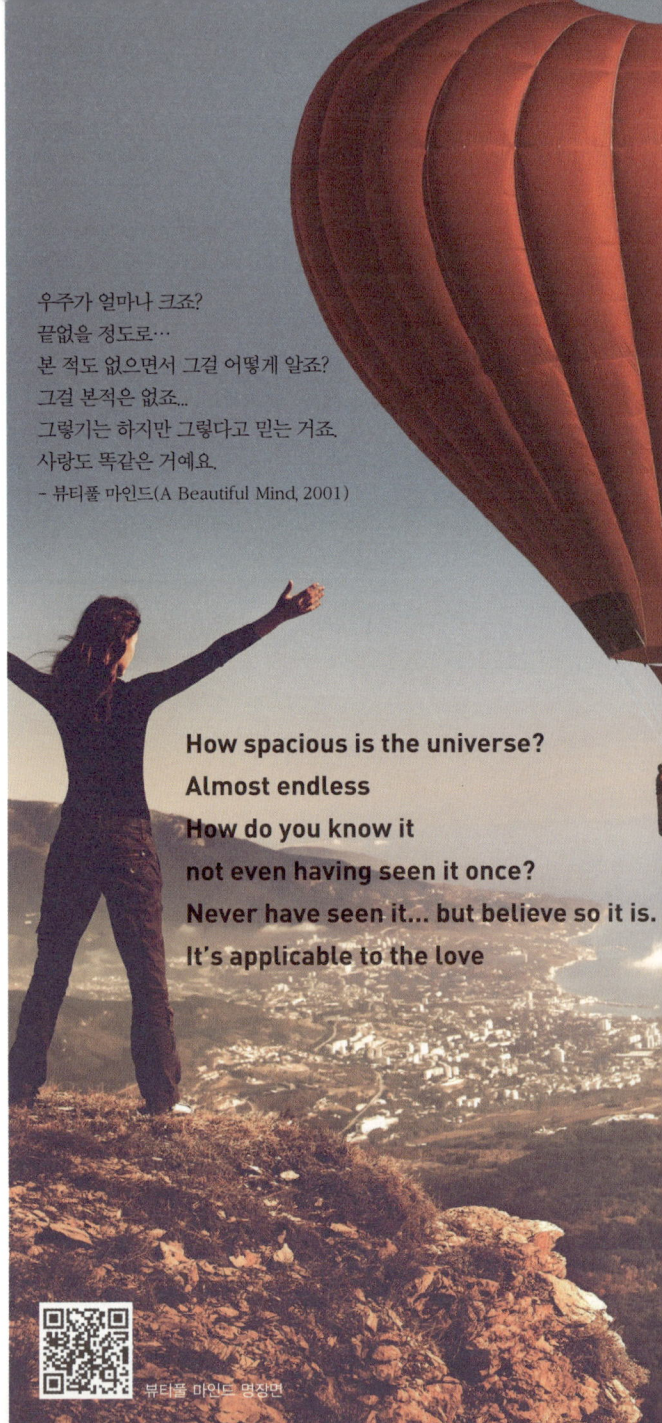

사랑이 있다는 걸 믿나요? 믿음은 번지점프를 하거나, 종교생활을 할 때에만 필요한 게 아니랍니다.

spacious
: (방, 건물이) 널찍한
Is it spacious enough for us?
: 우리 다 들어갈 수 있어?

applicable
: 해당(적용)되는
Check applicable box.
: 해당하는 칸에 표시를 하세요.

우주가 얼마나 크죠?
끝없을 정도로…
본 적도 없으면서 그걸 어떻게 알죠?
그걸 본적은 없죠…
그렇기는 하지만 그렇다고 믿는 거죠.
사랑도 똑같은 거예요.
- 뷰티풀 마인드(A Beautiful Mind, 2001)

How spacious is the universe?
Almost endless
How do you know it
not even having seen it once?
Never have seen it… but believe so it is.
It's applicable to the love

뷰티풀 마인드 명장면

Day 5

"Sir neruda, I have big trouble."
"I've been falling in love, it's so hurt."
"That will be cured soon."
"No, I don't want to. I'd rather be in love forever."

"네루다 선생님, 큰일 났어요. 사랑에 빠졌어요. 너무 아파요."
"그런 건 곧 나아."
"낫기 싫어요! 영원히 빠져 있을래요."
- 일 포스티노(The Postman, 1994)

∨ 그 사람을 생각하면 잠을 쉽게 이룰 수 없다.
∨ 친구나 가족과의 약속이 있어도 그 사람을 위해서라면 갑자기 취소하기도 한다.
∨ 시간만 있으면 그 사람에게서의 연락이 와 있는 게 아닐까 계속 체크하고 있다.
∨ 무의식적으로 한숨을 쉬고 있다.

이 중 자신에게 해당되는 게 있나요? 그렇다면 당신도 심각한 상사병에 빠졌을 위험이 있겠네요.

cure
: 낫게 하다
여기서는 be+과거분사의 수동태로 사용되었기 때문에 '낫게 하다'가 아닌 '낫다'로 해석됩니다.
I'll cure you.
: 내가 치료해줄게.
All of the family prayed for a cure for his deadly disease.
: 가족 모두 그의 병이 낫게 해달라고 기도했다.

Day1

사랑의 가장 기본은 '함께하는 것'이 아닐까요?
지금 당신의 옆에는 누가 있나요?

stay with
: (남)의 집에서 머물다, (일 따위)를 계속하다, (물건)을 계속 쓰다

How long are you planning to stay with us?
: 우리와 얼마나 함께 지낼 계획이신가요?

Can we stay with you for the weekend?
: 주말에 우리가 머물 수 있게 해주시겠어요?

"Peeta! Will you stay with me?"
"Yeah, always."

"피타! 내 옆에 있어 줄래?"
"그래, 언제나"
- 헝거게임(The Hunger Games: Catching Fire, 2013)

Does he hear my heart screaming his name?

그는 내 가슴이 그의 이름을 절규하듯 부르는 걸 알고 있을까?
- 25살의 키스(Never Been Kissed, 1999)

한번이라도 나를 돌아봐주길, 내 사랑을 알아채주길 바라는 마음. 사랑의 들뜬 열정. 스물다섯의 사랑.

scream
: 비명을 지르다, 괴성을 지르다
cry and scream
: 울고불고 난리를 치다
scream in pain
: 아파서 비명을 지르다
scream like hell
: 바락바락 악을 쓰다
scream at
: ~에게 소리를 지르다
give out a scream
: 비명소리를 내다.

Day3

마음을 상자라는 사물에 비유한 게 참 재미있지요?
사랑할 여력이 없어.
나에게 사랑은 사치야.
그렇게 생각할수록 당신의 마음은 점점 더 작아지고 있다는 사실.
용기를 내세요.

fill up
: 가득 차다, 가득 채우다
Fill up the tank, Please.
: (주유소에서) 가득 채워주세요.
the more
: 점점 더, 더욱
The more I see it, the more I like it.
: 보면 볼수록 마음에 들어요.

The heart's not like a box that gets fill up.
It expands in size the more you love.

마음이란 건 가득 차버리는 상자가 아니야.
네가 사랑하면 할수록 더욱 커져가는 거지.
- Her(2013)

her, 영화는 수다다

Day 4

We fell in love, Despite our differences, and something rare and beautiful was created.

우리는 사랑에 빠졌고, 우리의 서로 '다름'에도 불구하고 아름답고 고귀한 것을 나눌 수 있었다.
- 노트북(The Notebook, 2004)

사랑에 빠지고, 사랑을 속삭이는 것은 혼자서도 가능하지만 사랑을 나누는 건 혼자서는 도저히 할 수 없는 일.

despite
: ~에도 불구하고
despite the opposition
: 반대에도 불구하고
(in) despite of
: ~을 무시하고
rare
: 드문, 진귀한
a rare disease
: 희귀병
It is rare.
: 희귀하죠.

Day5

너무 처절해서 오히려 사랑 받고 싶은 절규가 느껴지는 대사.
괜찮다고 수십 번을 달래보고, 이제 익숙해졌다고 위로도 해보고, 함께인 것보다 지금이 편하다고 거짓말 해봐도 결코 괜찮지 않은 외로움.

live alone
: 혼자 살다

live-alone
: 독신(생활)자

live all alone
: 고독한 생활을 하다

lonely
: 외로운, 쓸쓸한

She lives alone and often feels lonely.
: 그녀는 혼자 살고 자주 외로움을 느낀다.

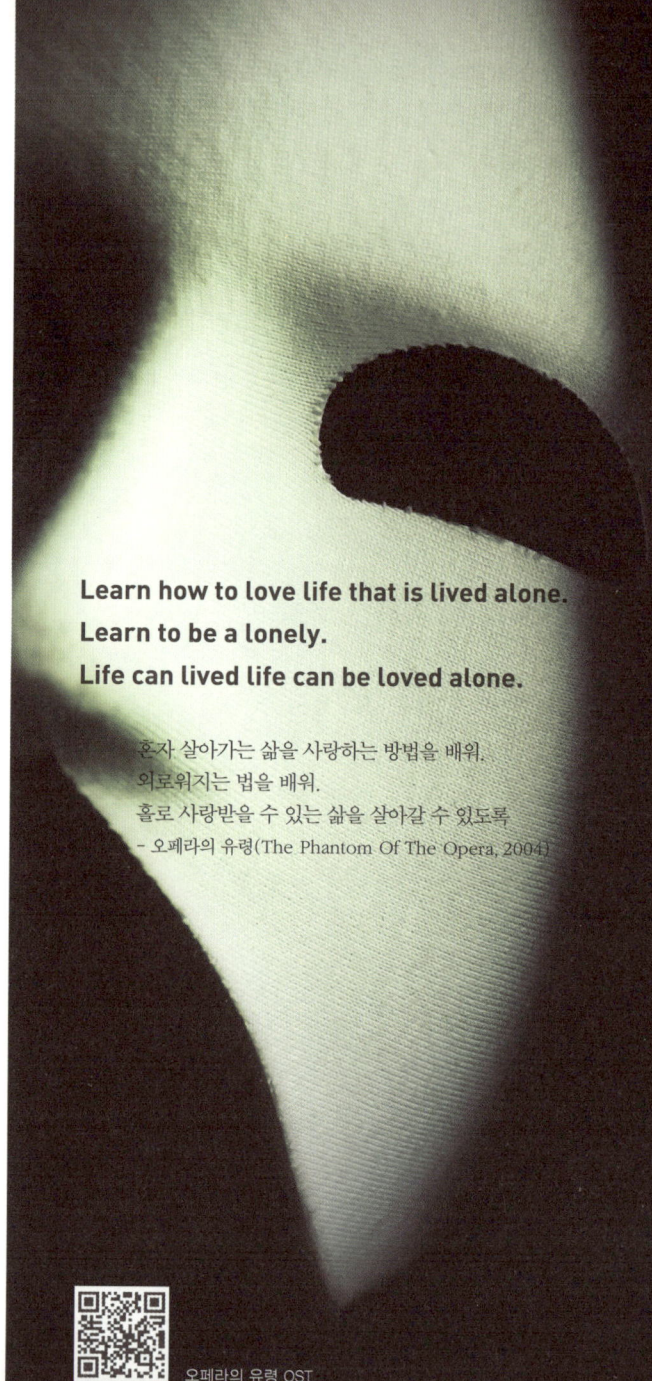

**Learn how to love life that is lived alone.
Learn to be a lonely.
Life can lived life can be loved alone.**

혼자 살아가는 삶을 사랑하는 방법을 배워.
외로워지는 법을 배워.
홀로 사랑받을 수 있는 삶을 살아갈 수 있도록
- 오페라의 유령(The Phantom Of The Opera, 2004)

오페라의 유령 OST

Chapter 2.
About Life

Day 1

No owners means no heartbreak.
We are master of our own fate.

주인이 없으면 가슴 아파할 일도 안 생겨.
우린 각자 운명의 주인이야.
- 토이스토리(Toy Story, 1995)

가슴 아픈 일이 생기면 오히려 기분 좋게 여기세요.
내가 내 운명의 주인으로 잘 살고 있구나, 하고.

owner
: 주인, 소유주
master
: 주인, 달인

두 단어 모두 주인을 뜻하는 단어지만, owner의 경우는 사물의 주인을 이야기 할 때 주로 사용하고 master의 경우는 사람의 주인 또는 어떤 것을 완벽하게 통달한 사람을 이야기 할 때 주로 사용한답니다.

토이스토리 OST

Day2

To see the world,
things dangerous to come to,
to see behind walls, draw closer,
to find each other and to feel.
That is the purpose of life.

세상을 보는 것
다가올 위험한 것들
벽 너머를 보는 것
좀 더 가까이 당겨내는 것
서로를 찾고 느끼는 것.
그것이 삶의 목적이다

월터의 상상은 현실이 된다 (The Secret Life of Walter Mitty, 2013)

안전하기 그지없지만, 너무나도 판에 박힌 삶을 살아가고 있진 않나요? 이제 잊어버렸던 삶의 목적을 찾을 때입니다.

draw
: 당기다

draw와 같은 의미로 사용되는 단어가 pull, tug인데요.
pull은 (손을 사용해서 자기 쪽으로) 끌어당기다, draw는 (물건을 고른 속도로 부드럽게) 잡아당기다, tug는 힘껏 잡아당기다와 같이 그 단어의 느낌이 조금씩 다르답니다.

Day3

Maybe for you there is a tomorrow.
Maybe there is one thousand, or ten.
But for some of us there is only today.

넌 아마 내일이 있겠지.
내일이 아마 천 번은 있을 거야, 아님 만 번은.
하지만 우리 중 일부는 오늘만 있어.
- 7번째 내가 죽던 날(Before I Fall, 2017)

저녁이 있는 삶도 내일이 있어야 기대할 것이 있지요.
우리에게 아직 한 번도 경험해보지 못한 내일이 있다는 사실이 너무 멋지지 않나요?

one thousand (=a thousand)
: 천(1,000)
ten thousand
: 만(10,000)
one in ten thousand
: 만에 하나
some of us
: 우리 중의 몇몇

Day4

Life isn't always what one like.

삶이란 언제나 뜻대로 되지는 않아요.
- 로마의 휴일(Roman Holiday, 1953)

로마의 휴일 명장면

그러니 당신의 오늘이 잘 풀리지 않는 것도 정상인 거예요.
힘내요, 그런 날도 있는 거죠.
그래도 내일은 삶이란 녀석이 말을 좀 들어줄지도 몰라요.

be not always
: 언제나 ~은 아니다
what one likes
: 취향대로
choose what one likes
: 취향에 따라 선택하다
know what one likes
: (예술 작품 등에 대해) 자기 나름의 의견을 가지고 있다

Day5

Fate sends us little signs and
it's how we read the signs that determines
whether we're happy or not.

인격은 그 사람의 운명이라는 말이 있지요.
잠깐의 친절, 잠깐의 눈인사, 어느 순간 툭 내뱉은 한 마디…
어쩌면 우리의 운명을 결정하는 건 우리 자신일지 몰라요.

determine
: 결정하다
whether (or not)
: -ㄹ지
I don't know whether he will be here.
: 그가 올지 어떨지 모르겠다.

운명은 우리에게 작은 계시들을 보내요.
우리가 행복할지, 안 행복할지는
그것들을 어떻게 읽느냐에 달렸어요.
- 세렌디피티(Serendipity, 2001)

세렌디피티 ost

Day 1

People will believe whatever they want to believe.

사람들은 믿고 싶은 걸 믿죠.
- 굿럭척(Good Luck Chuck, 2007)

내 인생은 왜 이 모양이야!
당신의 지금 인생은 혹시 당신이 믿고 있는 그대로의 모습이 아닐까요?

whatever
: ~한 어떤, 어떤 ~일지라도, 그게 뭐든
Do whatever you like.
: 어떤 것이든 네가 좋아하는 일을 하렴.
Whatever decision he made I would support it.
: 그가 어떤 결정을 내려도 나는 그것을 지지할 것이었다.
whatever you say.
: 좋으실 대로 합시다.

Day2

Sometimes you have to ignore the rules and concentrate on the people.

때로는 규정을 무시하고 사람에게 집중하시오.
- 터미널(Terminal, 2015)

우리가 살면서 때로는 거짓말을 해야 할 때도 있고, 규칙을 어기게 될 때도 있지요.
중요한 건 그 모든 것이 다른 '사람'을 위한 것일 때 긍정적 결과를 얻을 수 있다는 겁니다.

sometimes
: 때때로, 가끔

sometimes와 비슷한 의미로 쓰이는 것으로는 occasionally, once in a while, from time to time, now and then 등이 있습니다. occasionally / once in a while은 sometimes보다는 빈도가 낮으며 잊어버릴 만하면 한 번씩 일어나는 일을 말할 때 사용하고, from time to time은 다소 정해진 간격을 두고 규칙적으로 일어나는 일을 말할 때 사용하고, now and then은 불규칙한 간격을 두고 반복되어 일어나는 경우에 사용하는 표현입니다.

터미널 예고

Day 3

Why do we fall?
So we can learn to pick ourselves up.

우리는 왜 넘어질까?
일어나는 방법을 배우기 위해서란다.
- 배트맨 비긴즈(Batman Begins, 2005)

이제 그만 넘어져도 될 것 같은데…
대체 내가 배우지 못한 '일어나는
법'이 또 얼마나 있는 건지 인생은
오늘도 넘어짐 투성이네요.

learn to
: ~을 배우다
learn to talk
: 말을 배우다
learn to be (more) patient
: 인내심을 기르다
ourselves
: (we의 재귀 대명사) 우리 자신
(all) by ourselves
: (다른 사람은 아무도 없이) 우리끼리
(all) to ourselves
: 우리 것으로만(독차지하여)

배트맨 비긴즈 명장면

Day4

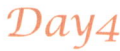

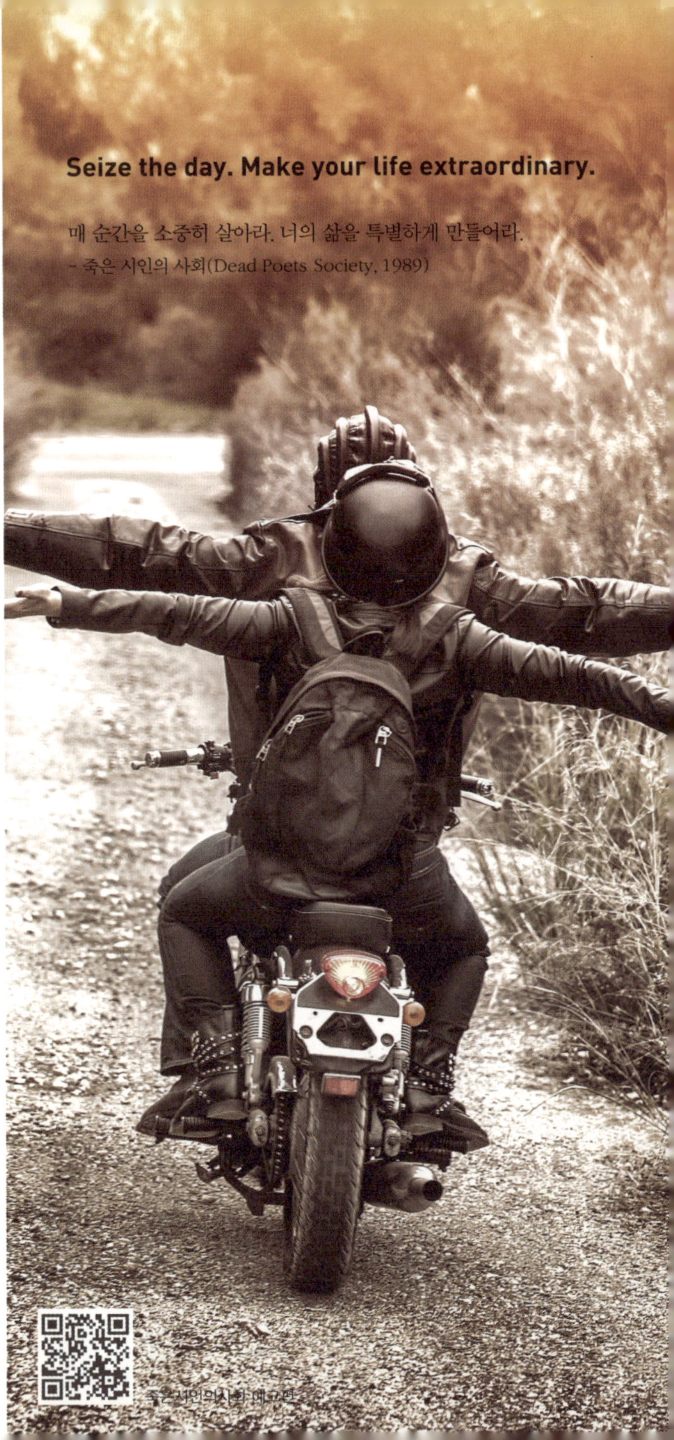

Seize the day. Make your life extraordinary.

매 순간을 소중히 살아라. 너의 삶을 특별하게 만들어라.

- 죽은 시인의 사회(Dead Poets Society, 1989)

죽은시인의사회 예고편

순간이 모여 나의 시간을 이루고, 그 시간이 모여 내 인생을 이루는 법. 단 한 순간도 그냥 흘려보낼 순간은 없습니다.

seize

: 꽉 붙잡다, 움켜잡다

seize up

: 멈추다, 작동을 안 하다

seize on/upon something

: ~에 달려들다

extraordinary

: 기이한, 놀라운

be extraordinary

: 심상치 않다

an extraordinary achievement

: 보기 드문 성취

Day5

You don't throw away a whole life just because it's banged up a little.

삶이 조금 상처를 입었다고 해서
생을 송두리째 포기해선 안 되는 겁니다.
- 씨비스킷(Seabiscuit, 2003)

어쩌면 오늘은 먼 훗날 '그래, 그랬던 적이 있었지'하고 웃어넘길, 인생에 있어서 아주 작은 상처에 불과할지도 몰라요.

throw away
: 버리다

이 숙어는 다양한 상황에서 각 상황에 맞는 의미로 사용될 수 있습니다. 어떤 상황에서 어떤 뜻으로 쓰이는지 한 번 볼까요?

throw away garbage
: 쓰레기를 버리다
throw away one's life
: 목숨을 버리다
throw away on
: ~에 낭비하다
throw away one's chance
: 기회를 포기하다.

Day 1

There's no place like home.

집만한 곳은 없어.
- 오즈의 마법사(Legends of Oz, 2013)

집 나가면 개고생이란 말이 있지요?
모두가 입을 모으는 인생의 진리는
믿어서 나쁠 게 없답니다.
부모님, 아내, 친구, 자녀… 당신이
돌아갈 집은 어딘가요?

There's no
: ~ 없습니다

there's no knowing
: (어떤 일이 있을지) 알 수가 없다

there's no telling
: (무슨 일이 있었는지·있을 것인지)
아무도 모른다, 알 수가 없다

there's no comparison
: 비교가 안 되다

there's no getting away from something
: ~에서 벗어날 길은 없다

오즈의 마법사 예고편

Day2

Don't waste your life.

당신의 삶을 낭비하지 말아요.
- 아이언맨(Iron Man)

시간 낭비, 돈 낭비, 감정 낭비, 생각 낭비, 체력 낭비…
이 모든 것의 결과가 인생의 낭비라는 사실, 아세요?

waste
: (돈·시간 등을 필요 이상으로 들여) 낭비하다
waste one's time
: 시간을 허비하다
recycle waste
: 폐품을 재활용하다
a waste of space
: 아무짝에도 쓸모없는 사람
waste your breath
: 말해 봐야 입만 아프다

Day 3

**If someone prays for patience,
you think God gives them patience?
Or does he give them the opportunity
to be patient?**

누군가 인내심을 달라고 기도하면 하나님이 인내심을 주실까요?
아니면 인내심을 가질 수 있는 기회를 주실까요?
- 에반 올마이티(Evan Almighty, 2007)

지금의 상황이 당신이 바라던 것을 얻을 기회는 아닐지, 누가 알겠어요?

patience
: 참을성, 인내심
try somebody's patience
: ~의 인내심을 시험하다
endless patience
: 무한한 인내심
opportunity
: 기회
a golden opportunity
: 절호의 기회
watch for an opportunity
: 시기를 엿보다

**In training, they give you an F.
But out here, you get killed.**

훈련에선 F를 받아도 그것으로 끝이야.
그러나 실전에선 죽음으로 이어져.
- 언스토퍼블(Unstoppable, 2010)

Day 4

정신 바짝 차려야 해요.
인생엔 연습이 없으니까요.

In training
: 연습중인, 훈련중인
두 단어의 위치를 서로 바꾸면 'training in ~의 훈련'이라는 의미가 됩니다. 그 외에 자주 사용되는 숙어들을 익혀보세요.

in train
: 준비가 갖추어져, (일이)순조롭게 진행되어

be in training
: 컨디션이 좋다, 연습 중에 있다

Day 5

We are just gonna wait and see.

그냥 흘러가는 대로 두고 보자.
- 라라랜드(La La Land, 2016)

당신과 나의 인생이 같이 또는 따로 어떻게 흘러갈지 알 수도 없을뿐더러 안다고 어떻게 할 수도 없잖아요. 그냥, 이 순간을 함께해요.

gonna
: ~할 것이다

<u>going to의 비격식적 표현으로 'just gonna'는 '그냥 ~할 것이다' 정도로 해석할 수 있습니다.</u>
I'm gonna make it.
: 난 해내고 말거야.
Who's gonna eat it?
: 누가 먹을 거예요?

라라랜드 명장면

Day1

**A simple little idea,
that will change everything.**

단순하고 작은 생각 하나가 모든 것을 바꾼다.
- 인셉션(Inception, 2010)

소수의 사람은 세상을 바꾸고, 대부분의 사람은 그 세상에서 살아가지요. 당신은 어느 편에 속하고 싶으세요?

simple
: 간단한(복잡하지 않고 이해하기 쉬운)

simple과 비슷한 의미로 사용되는 단어들을 같이 익혀보세요.

uncomplicated
: 복잡하지 않은

clear
: 명백한, 명확한, 분명한

plain
: 명백한, 분명한, 똑똑히 보이는, 명료한

understandable
: 이해할 수 있는, 알 만한

lucid
: 명쾌한, 알기 쉬운

recognizable
: 인식할 수 있는

comprehensible
: 이해할 수 있는, 알기 쉬운

intelligible
: 이해할 수 있는, 알기 쉬운, 의미가 명료한

Day 2

양심의 소리를 일컫는 숙어가 '작고 고요한 목소리'라는 의미를 갖고 있는 것이 참 공감이 갑니다. 열심히 귀 기울이지 않으면 놓쳐 버릴 소리.

conscience
: 양심
in (all/good) conscience
: 양심상 (도저히)
on your conscience
: 양심에 걸리는
still small voice
: 작고 고요한 목소리
the still small voice
: 양심의 소리

A conscience is that still small voice that people won't listen to.

양심은 사람들이 듣지 않을 작은 목소리이다.
- 피노키오(Pinocchio)

피노키오 명장면

Day 3

Luck favors the prepared.

행운은 준비된 사람을 더 좋아해.
- 인크레더블(The Incredibles, 2004)

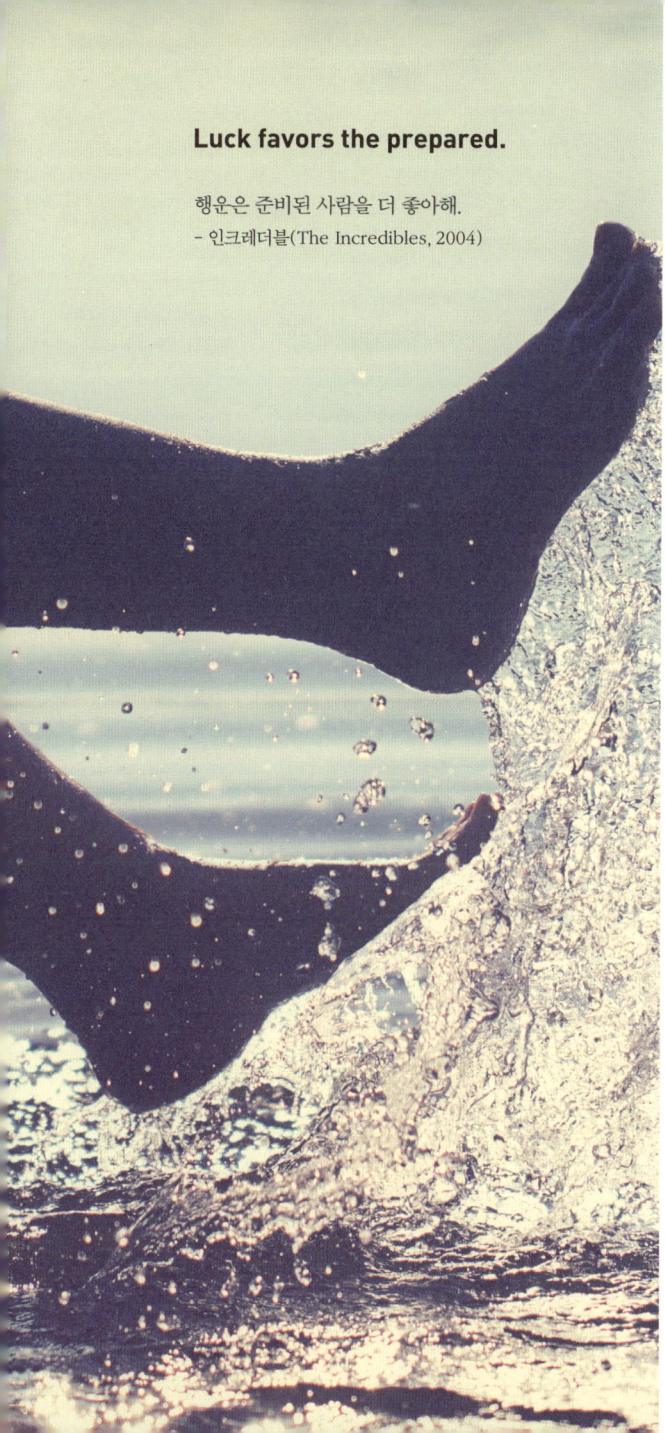

천운, 명운, 사람운…
운이 좋은 사람들에게 특징이 있다면 그건 바로 실력이 아닐까요? 물론 열심히 준비해서 기른 것이 아닌 타고난 실력도 있긴 하지만.

favor
: 호의를 보이다
show favor
: 호의를 보이다
by favor
: 편파적으로
return one's favor
: 은혜를 갚다
be in favor
: 인기가 있다

Day 4

Great power always comes with great responsibility.

강한 힘에는 그만큼의 책임이 따른다.
- 스파이더맨(Spider-Man)

그러니 부러워하지 않아도 돼요. 무리해서 힘을 내지도 말아요. 힘 좀 세지 않으면 또 어때요. 지금 내가 할 수 있는, 내게 딱 맞는 자리에서 기쁘게 일하는 것도 나쁘지 않잖아요.

responsibility
: 책임(맡은 일), 책무
많은 사람들이 responsibility의 품사를 부사나 형용사로 착각하기도 하는데요. responsible가 형용사로 '~을 책임지고 있는'이란 의미로 사용됩니다.

place responsibility on
: 책임을 맡기다

feel responsible
: 책임감을 느끼다

스파이더맨 예고편

Day 5

세상이 끝난 것만 같을 때, 눈을 감지 말고 오히려 더 크게 눈을 뜨고 필사적으로 찾아보세요.
의외로 멀지 않은 곳에 출구가 있어요.

Lord
: 주님, 하나님

lord와 같이 모두 소문자로 쓰는 경우, 일반적인 '주인'이라는 의미로 쓰이고 첫 글자가 대문자인 경우 주님, 하나님 이란 의미로 쓰인답니다.

somewhere
: 어딘가에

Don't I know you from somewhere?
: 제가 당신을 어딘가에서 보았던가요?

When the Lord closes a door, somewhere he opens a window.

주께서는 한쪽 문을 닫을 때, 다른 창문을 열어 놓으신다.
- 사운드 오브 뮤직(The Sound Of Music, 1965)

Day1

가기로 결정했으면 계속 가야 해.
땅에 두 발로 딱 버티고 서서 살아가는 거야.
- 그래비티(Gravity, 2013)

일단 선택했다면, 뒤돌아보지 않는 수밖에요.
인생은 수많은 선택의 연속이고, 그 선택을 책임지는 것이 우리 삶의 여정이니까요.

gotta
: ~해야 한다

gotta는 got to의 비격식 표현으로 일상 대화에서 종종 사용됩니다. 하지만 격식을 차려야 하는 상황에서는 사용하지 않는 것이 좋습니다.

Get on with it
: 서둘러, 얼른 하기나 해

Don't be such a dawdler, Jisu, just get on with it.
: 지수, 그렇게 게으름 피우지 말고 계속하기나 해.

If you decide to go, then you gotta just get on with it. You gotta plant both your feet on the ground and start living your life.

그래비티 예고편

Day2

My father taught me many things here.
He taught me in this room.
He taught me keep your friends close,
but your enemies closer.

아버지께서 많은 것들을 이 방에서 가르쳐주셨죠.
친구는 가까이 두고, 적은 더 가까이 두라고.
- 대부2(Mario Puzo's The Godfather Part II, 1974)

이건 만지면 안 돼!
거긴 위험해서 안 돼!
우리 인생을 어린 시절처럼 속 편하게 누군가가 알려줄 수 있다면 얼마나 좋을까요?
인생이 이렇게 어려울 줄 누가 알았겠어요.

teach
: 가르치다

taught는 teach 의 과거, 과거분사지요. 우리가 아주 잘 알고 있는 단어인 만큼 유용하게 사용할 수 있는 관련 숙어와 단어들을 익혀봅시다.

untaught
: 배우지 않고 (자연히) 터득한

self-taught
: 독학한

be taught (by)
: 가르침을 받다

pre-teach
: 미리 가르쳐 주다

teach about
: ~에 대해 가르치다.

Day 3

No matter what anybody tells you, word and ideas can change the world.

누가 뭐라 해도, 말과 생각은 세상을 바꿀 수 있다.
- 죽은 시인의 사회(Dead Poets Society, 1989)

보이지 않는 건 힘이 없어.
네가 그렇게 해봤자 바뀔 건 없어.
하지만,
세상을 바꾼 대부분의 것이 보이지 않는 것이고, 당신이 이런 말을 들었다면 당신에게 이 상황을 바꿀 수 있는 충분한 힘이 있다는 의미입니다.

no matter what(which, who, when, where, how)
: 비록 무엇이(어느 것이, 누가, 언제, 어디, 어떻게) ~일지라도
You are beautiful no matter what they say.
: 누가 뭐라 해도 넌 아름다워.
I don't care no matter who comes.
: 누가 오든 난 신경 안 써.
Call me today, no matter when.
: 언제라도 상관없으니 오늘 전화주세요.

Day 4

Leave no man behind.

단 한 명이라도 적진에 남겨두지 않는다.
- 블랙호크다운(Black Hawk Down, 2001)

블랙호크다운 명장면

치열한 전쟁터와도 같은 인생에서 절대 나를 두고 떠나지 않을 친구, 애인, 동료를 두었다면 그만큼 안심이 되는 삶이 또 있을까.

leave ~ behind
: ~을 놓아 둔 채 잊고 오다, 뒤에 남기다
leave baggage behind
: 수하물을 잊고 가다.
leave debts behind
: 빚을 남기고 죽다.
leave a name behind
: 이름을 후세에 남기다

Day 5

**Whatever comes out,
we've got a better chance of survival
if we work together.**

무엇이 오던지 우리가 함께 싸우면 살 수 있다.
- 글래디에이터(Gladiator, 2000)

지금 이 말이 마음에 와 닿는다면, 지금 당신에겐 외로움을 달래줄 누군가가 필요한 거겠지요.
내 인생을 사는 것도 중요하지만, 함께하는 즐거움 또한 인생의 큰 의미 중 하나가 아닐까요.

come out
: 나오다, 나타나다
come out unexpectedly
: 홀연히 나타나다
The rain stopped and the sun came out.
: 비가 그치고 해가 나왔다.
survival
: 생존
the survival of the fittest
: 적자생존
an instinct for survival
: 생존 본능

글래디에이터 ost

Day 1

누구나 자신의 삶을 멋지게 살아갈 능력 하나쯤은 갖고 태어난 능력자랍니다.
시작이 금수저든 흙수저든 우리 인생의 끝을 결정하는 건 그 능력이에요.

use for
: ~을 위해 사용하다
use for decoration
: 장식에 사용하다
use for gift purposes
: 선물용으로 쓰이다
<u>참고! 헷갈리지 마세요.</u>
used to
: ~하곤 했다, 과거 한때는 ~이었다
be used to ~ ing
: ~하는데 익숙하다

You have to use it for things that you really think will make your life the way you want it to be.

정말 원하는 삶을 위해서 그 능력을 신중히 써야해.
- 어바웃 타임(About Time, 2013)

어바웃 타임 예고편

Day2

그래서 당신이 그렇게 아름다운가 봐요.

bloom
: 꽃을 피우다, 꽃이 피다, 생기가 돌다

bloom은 꽃을 피우다는 의미와 함께 사람의 혈색이 돌다, 생기가 돌다 같은 의미로도 사용됩니다.

be in full bloom
: 활짝 피어 있다
bloom into
: 꽃 핀 것처럼 ~이 되다
take the bloom off it
: 그 신선미를 깎는다

The flower that blooms in adversity is the most rare and beautiful of all.

역경 속에서 피어나는 꽃이 가장 흔치 않고 아름다운 꽃이니라.
- 뮬란(Mulan, 1998)

Unbelievable sights. Indescribable feeling. Soaring, tumbling, free-wheeling through an endless diamond sky.

믿을 수 없는 광경, 형언할 수 없는 느낌,
끝없이 펼쳐진 다이아몬드 같은 하늘로 솟아올랐다, 굴러 떨어졌다,
자유롭게 날기도 하는 느낌.
- 알라딘(Aladdin, 1992)

인생을 살면서 이런 짜릿한 기분을 느껴본지가 언제인지.
가슴 뛰는 것을 위해 살기에도 짧은 인생, 까짓 거 짜릿하고 신나게 사는 거 어때요?

unbelievable
: 믿기 어려울 정도인
indescribable
: 형언할 수 없는
soaring
: 날아오르는, 급상승하는
freewheeling
: 자유분방한

Day 4

**In spite of everything,
I still believe that
people are really good at heart.**

모든 것이 불리하게 돌아가지만,
난 사람들의 마음은
아직까지 선한 것이라고 믿고 있다.
- 안네의 일기(The Diary of Anne Frank, 1959)

잔인한 학살과 학대가 난무하는 최악의 상황에서도 끝까지 사람을 믿을 수 있는 용기.
작은 것 하나도 양보하지 못하고 힘겨루기만 하는 우리 삶이 문득 부끄러워집니다.

in spite of ~
: ~에도 불구하고
spite
: 꽁한 마음(앙심), 혹은 악한 마음 (악의)
He wrote that review out of pure spite.
: 그 사람은 악의를 품고 그 평론을 썼어.
at heart
: 마음으로
young at heart
: 마음은 청춘이다

안네의 일기 예고편

Day 5

보이지도 듣지도 못하는 채로 세상에 태어난 아이.
온통 어둠으로 가득한 그 아이의 세상에 한 줄기 빛으로 찾아온 한 사람.
인생이 다시 시작되는 깨우침의 순간.

full of
: ~로 가득찬

full of yourself
: 자만심에 차 있는, 자기 생각만 하는

be full of praise
: 칭송이 자자하다

full of dust
: 먼지투성이의

be full of customers
: 손님이 많다

Your world is not black. It is full of light.

네 세상은 어둠이 아닌 빛으로 가득해.
- 블랙(Black, 2005)

Day1

시간만큼 무서운 것이 또 있을까요.
무슨 짓을 해도, 시간은 제 갈 길을
가기 마련입니다.
그렇게 결국 누구나 끝을 맞이하는
게 인생이겠지요.

let go
: 놓다, 풀어주다, 석방하다
You just have to let go of him.
: 그냥 그를 보내줘야 해.
Please let go off my hand.
: 제 손 좀 놔주세요.
So just let go of me.
: 그냥 나를 떠나게 해줘.

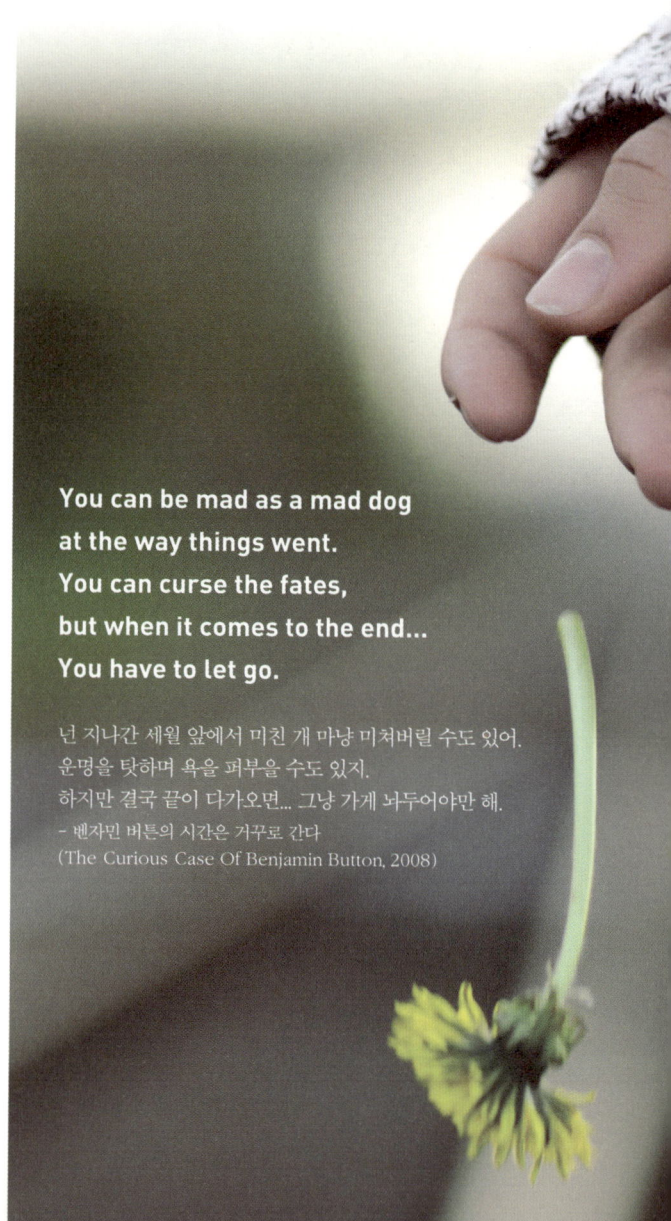

**You can be mad as a mad dog
at the way things went.
You can curse the fates,
but when it comes to the end...
You have to let go.**

넌 지나간 세월 앞에서 미친 개 마냥 미쳐버릴 수도 있어.
운명을 탓하며 욕을 퍼부을 수도 있지.
하지만 결국 끝이 다가오면... 그냥 가게 놔두어야만 해.
- 벤자민 버튼의 시간은 거꾸로 간다
(The Curious Case Of Benjamin Button, 2008)

Day 2

Never theorize before you have data. Invariably, you end up twisting facts to suit theories, instead of theories to suit facts.

데이터를 얻기 전에 절대로 이론화하지 마.
그러면 항상 이론에 끼워 맞추기 위해
사실을 바꾸게 될 거야.
- 셜록 홈즈(Sherlock Holmes, 2009)

셜록홈즈 예고편

아직 우리 인생은 끝난 게 아니잖아요?
그러니 섣불리 이론화하지 말아요.
어떤 결과가 나올지는 아직 아무도 몰라요.

theorize
: 이론을 제시하다, 세우다
After all, it doesn't hurt to theorize.
: 어쨌거나, 이론을 세우는 데에는 지장이 없어.

invariably
: 변함(예외)없이, 언제나
Invariably the reply came back.
: 변함없이 같은 대답이 돌아왔다.

Day3

The only thing predictable about life is its unpredictable ability.

삶에서 예측 가능한 것은 오직 삶이 예측 불가능하다는 것이다.
- 라따뚜이(Ratatouille, 2007)

삶이 예측 불가능하다는 사실만큼 위안이 되는 건 없을 거예요. 그러니 오늘도 살아볼만 한 거죠.

predictable
: 예측할 수 있는
a predictable result
: 예견할 수 있는 결과
predictable movements
: 예상할 수 있는 움직임
predictable issue rate item
; 예측가능 불출품목
unpredictable
: 예측할 수 없는, 예측이 불가능한
unpredictable weather
: 예측할 수 없는 날씨
unpredictable consequences
: 예측할 수 없는 결과
the unpredictable workings of the humanmind
: 예상할 수 없는 사람의 마음

Day 4

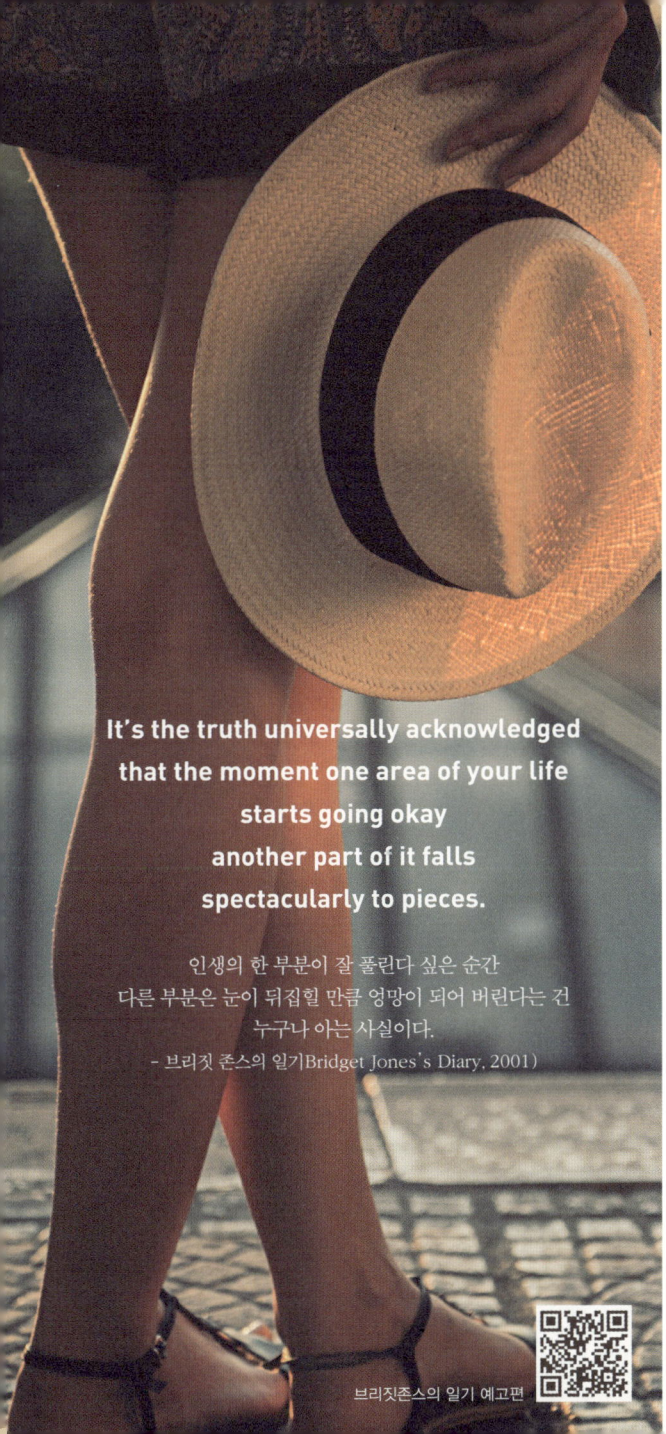

It's the truth universally acknowledged
that the moment one area of your life
starts going okay
another part of it falls
spectacularly to pieces.

인생의 한 부분이 잘 풀린다 싶은 순간
다른 부분은 눈이 뒤집힐 만큼 엉망이 되어 버린다는 건
누구나 아는 사실이다.
- 브리짓 존스의 일기(Bridget Jones's Diary, 2001)

브리짓존스의 일기 예고편

지금 잘 된다고 교만하거나 지금 잘 안 된다고 낙담할 필요는 없어요. 인생이란 게 오르막길이 있으면 내리막길이 있으니까요.
그걸 아는 사람들의 삶은 그래서 늘 한결같지요.

universally
: [부사] 일반적으로, 누구에게서나
참고
universe
: [명사] 우주
universal
: [형용사] 일반적인, 전 세계적인
spectacularly
: [부사] 구경거리로, 볼 만하게
참고
spectacular
: [형용사] 장관을 이루는, 극적인

Day5

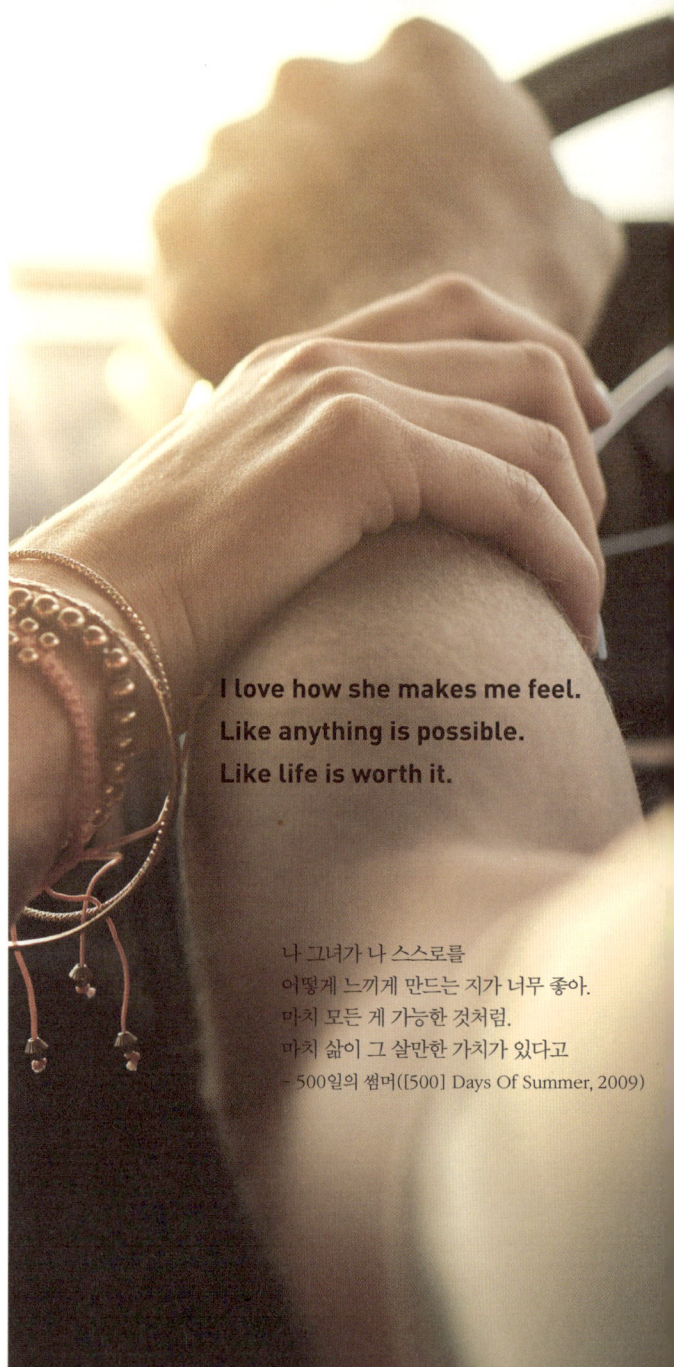

사랑을 할 때
우리의 삶은 가장 가치 있어집니다.

be worth
: ~의 가치가 있다
This will be worth saving.
: 그건 소장가치가 있어.
It was mess, but a mess that would be worth all the trouble.
: 지저분해졌지만 그만한 가치가 있는 거였어.
They might be worth much more than you think.
: 그것들이 네가 생각하는 것 이상으로 가치가 있을지도 몰라.

I love how she makes me feel.
Like anything is possible.
Like life is worth it.

나 그녀가 나 스스로를
어떻게 느끼게 만드는 지가 너무 좋아.
마치 모든 게 가능한 것처럼.
마치 삶이 그 살만한 가치가 있다고
- 500일의 썸머([500] Days Of Summer, 2009)

Day 1

**Benjamin,
we're meant to lose the people we love.
How else would we know
how important they are to us?**

벤자민, 우리는 우리가 사랑하는 사람들을 잃게 되어있어.
그 방법 외에 우리가 어떻게 그들이 얼마나
우리에게 중요한지 알 수 있겠니?
- 벤자민 버튼의 시간은 거꾸로 간다
(The Curious Case Of Benjamin Button, 2008)

사라지는 것이 소중한 이유.
사람, 사랑, 그리고 우리의 삶이 소중한 이유.

else
: (이미 언급된 것에 덧붙여) 또(그 밖의) 다른

What else did he say?
: 그가 또 다른 말은 뭐라고 했나요?

How else can it be done?
: 달리 어떤 방법으로 할 수 있을까?

How else could I have acted?
: 내가 달리 어떻게 행동할 수 있었겠니?

벤자민 버튼의 시간은 거꾸로 간다 ost

Day 2

Every passing minute is another chance to turn it all around.

모든 지나가는 순간은
모든 걸 뒤집어버릴 또 다른 찬스야.
- 바닐라스카이(Vanilla Sky, 2001)

그냥 흘러가는 시간 같아 보여도 매 순간이 우리에겐 기회라는 사실.

turn around/round
: [동사] (경기·경제 등) 호전되다, 호전시키다
: [명사] 역전, 반전
turn around the economy.
: 경제를 회복시키다.
Oil prices have turned around again and are rising.
: 유가가 다시 상승세로 반전했다.
But I'm confident it'll turn around soon.
: 하지만 곧 회복될 것이라고 확신한다.

Day3

I think we went far enough today.
Let's get you home.

오늘은 충분히 멀리 온 것 같구나.
집에 가자꾸나.
- 굿다이노(The Good Dinosaur, 2015)

수고했어요, 당신.
이제 쉬어요.

go far
: 멀리 가다
go far enough
: (원하는 만큼) 충분하다
Those are long overdue, but do not go far enough.
: 그것들은 기한이 지났다. 그러나 아주 많이 지난 것은 아니다.
Do these measures go far enough?
: 이 조치들이면 충분할까요?

Day 4

어둠이 짙을수록 별빛은 더 선명해지는 법이지요.
우리 인생에 쓰디쓴 순간들조차 사랑해야할 이유입니다.

without
: ~없이

without cost
: 무상으로

without exception
: 예외 없이

be without equal
: 맞설 적수가 없다, 타의 추종을 불허하다

without fail
: 틀림없이, 반드시

do without (somebody/something)
: (~)없이 견디다, 지내다

**Just remember,
the sweet is never as sweet without the sour.**

그냥 기억해.
단 것은 신 것 없이는 그만큼 달지 않다는 걸.
- 바닐라스카이(Vanilla Sky, 2001)

바닐라스카이 예고편

Day 5

Hemingway once wrote,
"The world's a fine place and worth fighting for."
I agree with the second part.

헤밍웨이가 말했죠,
세상은 아름답고 싸워볼 가치가 있다고.
후자에 전적으로 동감이오.
- 세븐(Seven, 1995)

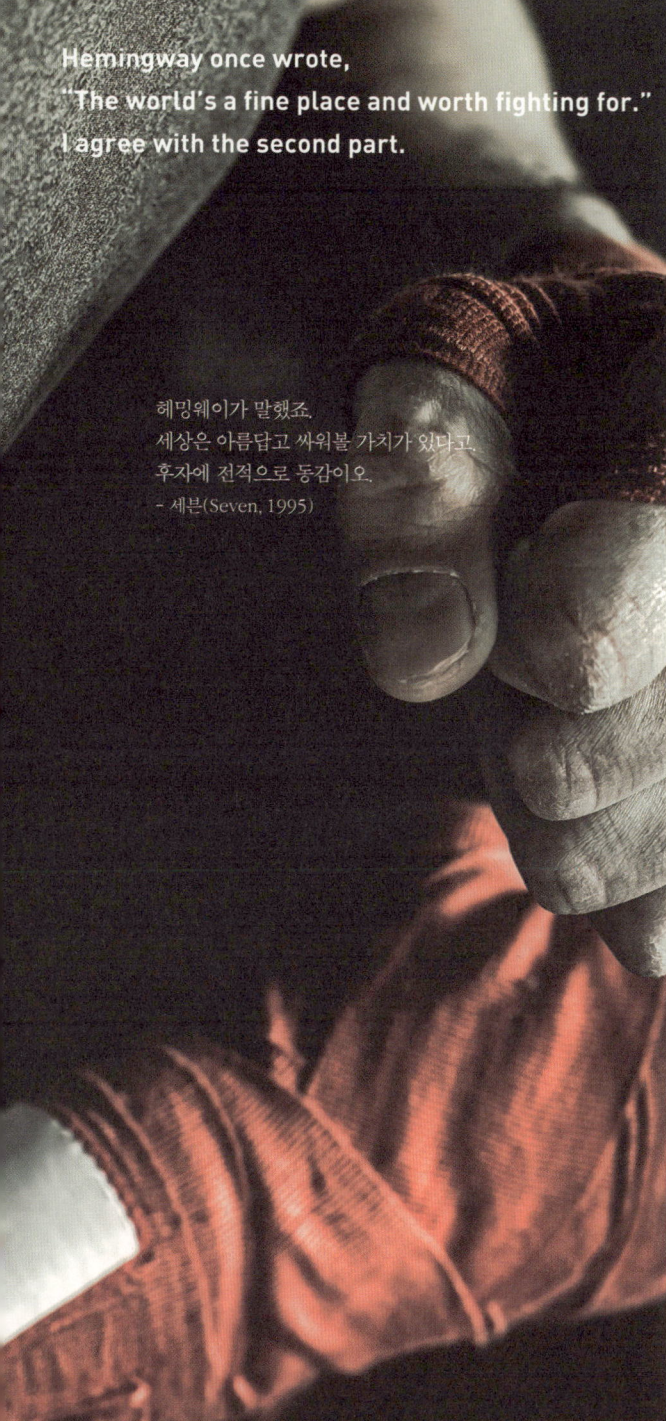

아름다운지는 몰라도 싸워볼 가치는 있다는 주인공의 말에 전적인 동감이 되는 이유는 뭘까.
언제쯤이면 인생이 아름다워지는 헤밍웨이의 수준까지 도달할 수 있을지.

agree with
: ~에 동의하다

I'm sorry, but I don't agree with you.
죄송하지만, 당신 의견에는 동의하지 않습니다.

Do you agree with the recommendations?
: 당신은 그 추천에 동의합니까?

I agree with you in principle.
: 원칙적으로는 동의합니다.

Day 1

"Is life always hard or
is it just when you're a kid?"
"Always like this."

"사는 게 항상 이렇게 힘든 가요?
아니면 어릴 때만 그래요?"
"언제나 힘들지."
- 레옹(Leon, 1994)

미국의 작가 앨버트 하버드는 이렇게 말했습니다.
'인생은 지긋지긋한 일의 반복이다.'
그래도 인생이 살만한 건 그 지긋지긋한 일의 반복 속에 가끔 일어나는 짜릿한 일탈이 있기 때문이 아닐까요.
가령, 사랑 같은 것처럼 말이에요.

hard
: 힘든

hard처럼 어떤 것이 쉽지 않고 많은 노력이나 기술이 필요함을 나타내는 단어로는 difficult, challenging, demanding, taxing, testing 등이 있습니다.
그 중 demanding은 과업이나 경험을 묘사할 때 쓰이는데, 흔히 more나 most 또는 어떻게 힘든지를 나타내는 부사와 함께 쓰입니다. taxing은 특히 부정문에서, 정신적인 노력을 필요로 하는 문제나 과업에 대해 쓰입니다. testing은 어떤 과업이 아닌 경험을 묘사하고, 특히 time, week, year와 함께 쓰입니다.

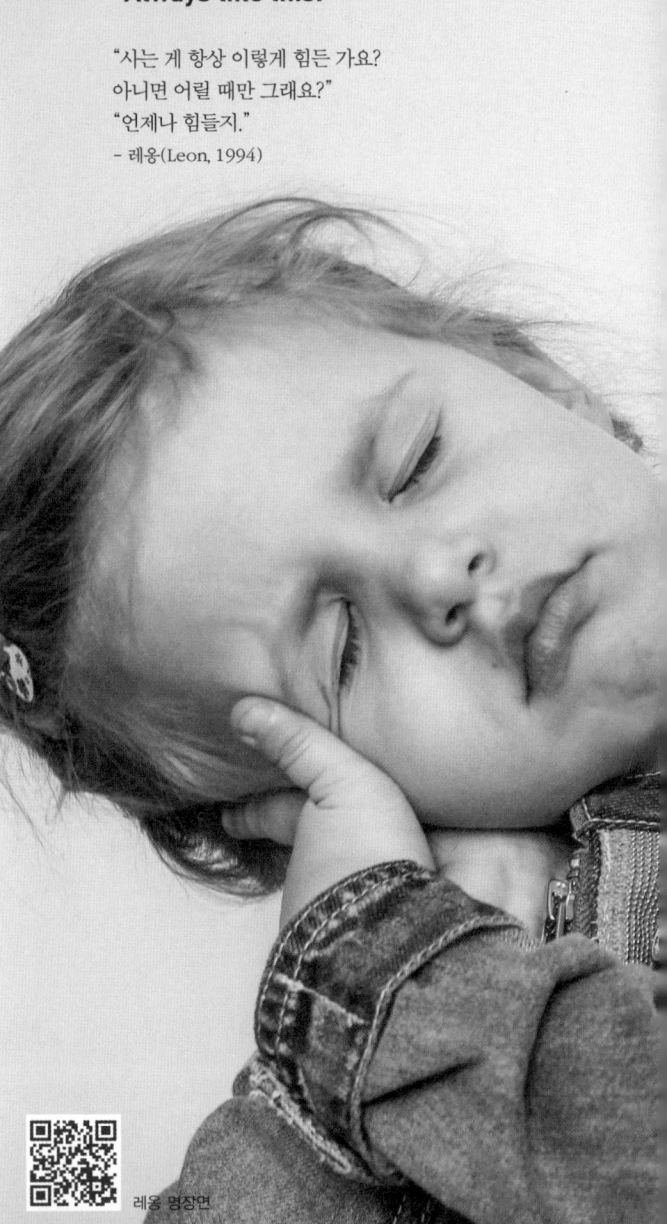

레옹 명장면

Day2

You only get one life.
It's actually your duty to live
it as fully as possible.

우리에겐 오직 한 번의 삶만 있어.
그러니까 사실 최대한 열심히 사는 것이
우리의 의무야.
- 미비포유(Me Before You, 2016)

이런 말이 있지요.
당신의 오늘은 어제 죽은이가 그토록 원하던 내일이다.
당신은 지금 의무를 다 하고 있나요?

duty
: 의무
be on duty
: 집무 중이다
be duty-free
: 세금이 면제되다
a duty roster
: 근무 당번표
be in duty to
: 의무가 있다
impose a duty
: 의무를 지우다
owe a duty to
: 의무를 지다
day duty
: 주간 근무
a/your bounden duty
: 꼭 해야 하는 일

> **Every path is the right path.**
> **Everything could've been anything else.**
> **And It would have just as much meaning.**
>
> 모든 길은 옳은 길이다.
> 그리고 모든 것은 무엇이든 될 수 있었다.
> 그리고 그만큼의 의미를 가질 수 있다.
> – 미스터 노바디(Mr. Nobody, 2009)

그때 그랬다면 어땠을까.
누구나 인생에서 후회되는 순간들이 있지요.
당신이 놓친 순간들에 어떤 의미, 어떤 이야기들이 있는지 하루쯤 찬찬히 곱씹어보는 것도 필요해요. 또 다른 후회를 막으려면 말이죠.

anything
: 무엇이든

<u>anything은 주로 '무엇, 아무것'이라는 의미로 많이 쓰이는데요, '무엇이든'이라는 의미도 갖고 있답니다.</u>
I'm so hungry, I'll eat anything.
: 나 너무 배고파요. 뭐든 먹을래요.

as much
: 그만큼, 그것과 동일한 것

I know as much.
: 그만큼은 알고 있다.
I will stand by you as much as I can.
: 내가 할 수 있는 한 너를 지지해 줄게

미스터 노바디 예고편

Day 4

The hardest battles are given to the strongest soldiers.

가장 치열한 전투는 가장 강한 군인들에게만 주어진다
- 헥소 고지(Hacksaw Ridge, 2016)

그러니 왜 나만 이렇게 치열하게 사는 거냐고 세상을 탓하지 마세요. 그만큼 당신이 강하다는 거니까. 지금의 전투가 앞으로 벌어질 어떤 전투에서도 지지 않는 경험을 만들어 줄 테니까.

be given
: 주어지다
Everyone should be given equal opportunities.
: 모든 사람에게 평등한 기회가 주어져야 한다.
Ask, it will be given to you.
: 구하라 그러면 너희에게 주실 것이요.

hardest
: 가장 어려운, 가장 치열한
hardest는 형용사 hard의 최고급이지요. 참고로 hard의 부사는 hard로 그 형태가 같기 때문에 기억해두는 것이 좋습니다. 헷갈리는 단어인 hardly는 부사이긴 하지만 '거의 …하지 않는다' 라는 완전히 다른 뜻으로 쓰입니다.

Day5

**We're all traveling through time together, every day of our lives.
All we can do is our best to relish this remarkable ride.**

인생은 모두가 함께하는 여행이다.
매일매일 살아가는 동안 우리가 할 수 있는 건 최선을 다해 이 여행을 만끽하는 것이다.
– 어바웃 타임 (About Time, 2013)

여행 끝에 아쉬움만 잔뜩 남기고 돌아왔던 경험 있으신가요? 이제 후회 없는 인생을 위해 뭘 해야 할지 감이 오시죠?

do one's best
: 최선을 다하다.
I can only do my best.
: 난 그저 최선을 다할 수 있을 뿐이다.
He endeavors to do his best work all the time.
: 그는 늘 일에 최선을 다하려고 노력한다.

relish
: (어떤 것을 대단히) 즐기다, 만끽하다.
The three men ate with relish.
: 그 세 남자는 아주 즐겁게 먹었다.
So it's change you need, relish the journey.
: 너는 변화가 필요해, 여행을 즐겨봐.

Day1

Life's hard. It's supposed to be.
If we didn't suffer,
we'd never learn anything.

인생은 힘겨운 것이며 원래 그런 거예요.
고통을 겪어보지 않으면 그 무엇도 깨달을 수 없죠.
- 비포선라이즈(Before Sunrise, 1995)

비포선라이즈 ost

인생은 원래 그런 거예요. 따지고, 방황하고, 슬퍼하고만 있기엔 경험하고 알아갈 것이 더 기대되지 않으세요?

be supposed to
: ~하기로 되어 있다.
Aren't we supposed to be at his house by five o'clock?
: 우리 5시까지 그 사람 집에 가기로 하지 않았나요?
You are supposed to be here at eight every day.
: 매일 8시에 여기로 출근해야 한다.
suffer
: 고통을 겪다
suffer harm
: 해코지를 당하다
suffer greatly
: 큰 타격을 입다
suffer patiently
: 꾹 참다
suffer in silence
: 벙어리 냉가슴 앓듯 하다

Day2

Hope is the greatest of the gifts we'll receive.

희망은 우리가 받은 가장 위대한 선물이에요.
– 미녀와 야수(Beauty and the Beast, 2017)

우리 인생이 저주라면, 희망은 그 저주를 풀 가장 확실한 신의 선물일 거예요.

receive
: 받다, 받아들이다

receive와 같이 '얻다, 입수하다'의 의미를 가지는 비슷한 단어들에는

get
: 얻다, 입수하다

accept
: 받아들이다, 받다

pick up
: ~을 얻다

collect
: 받다

obtain
: 얻다, 손에 넣다

acquire
: 취득하다, 획득하다

take
: 획득하다, 얻다, 벌다, 손에 넣다, 취득하다

Day 3

Yesterday is history.
Tomorrow is a mystery.
Today is a gift,
That's why we call it the present.

어제는 지나버렸고, 내일은 알 수 없지만
오늘은 선물이다. 그래서 현재라고 부른다.
- 쿵푸팬더(Kung Fu Panda)

present라는 단어는 현재라는 의미도 있지만 선물이라는 의미도 갖고 있답니다. 히스토리, 미스터리처럼 라임을 맞추고 단어의 여러 의미를 고려한 위트 있는 대사랍니다.

that's why
: 그 때문이야, 이것이 ~이유다
That's why you are always tired.
: 그것이 바로 네가 항상 피곤한 이유야.
That's why I applied for.
: 이것이 내가 지원한 이유이다.

Day 4

**Life is like a box of chocolates.
You never know
what you are going to get.**

인생은 초콜릿 상자와 같아서
무엇을 집을지 아무도 모른다.
- 포레스트 검프(Forrest Gump, 1994)

결과가 좋든 나쁘든 부딪혀보는 것 역시 하나의 인생경험이 된답니다.

be going to
: ~ 할 것이다, ~ 할 셈이다
On Christmas morning, we'll be going to church.
: 크리스마스 아침에 우리는 교회에 갈 거예요.
I'll be going to bed now, sir.
: 나는 지금 자러 갈 거예요.

포레스트검프 명장면

Day5

Anybody can lose one fight,
anybody can lose once.
you'll come back from this
you'll be champion of the world.

누구든 경기에서 한 번은 패할 수 있어.
하지만 그걸 이겨내야만 진정한 챔피언이 될 수 있지.
- 밀리언달러베이비 (Million Dollar Baby, 2004)

밀리언달러베이비 예고편

인생은 한 판으로 결정되는 경기가 아닙니다.
포기하지 마세요.
당신이 포기하지 않는 한, 경기는 계속 될테니까요.

lose
: 지다, 패하다
to lose a game/a race/an election/a battle/a war
: 경기/경주/선거/전투/전쟁에서 지다
loose
: 헐거워진, 느슨한
두 단어를 혼동하기도 하는데, lose의 동사로 우리가 잘 아는 lost를 과거형으로 가지는 단어이고, loose는 형용사로 동사로는 loosen이라는 단어로 씁니다. 잘 구분하세요.

Day 1

우리 인생엔 뚜렷한 원인과 결과가 아닌, 그냥 원래 그런 일들이 종종 일어나기도 해요.
그래서 한 편으론 그런 일을 기대하기도 하죠.

come full circle
: (한 바퀴 돌아, 여러 가지 변화를 거쳐) 제 자리로 되돌아오다
My plan has come full circle!
: 내 계획이 다시 원점으로 돌아왔어.
turn full circle
: 한 바퀴 돌다
Today the wheel has turned full circle.
: 오늘 모든 것이 제자리로 돌아왔다.
full circle
: 충분한
Ok, I admit it, it's not a full circle explanation.
: 좋아요. 인정할게요. 충분한 설명은 안 되네요.

There are no accidents and everything comes full circle.

세상에 우연이란 건 없어요.
모든 건 제자리로 돌아오기 마련이에요.
- 캐롤 (Carol, 2015)

Day 2

I thought grownups weren't afraid of anything.

나는 어른들은 아무것도 두려워하지 않는 줄 알았어요.
- 마틸다(Matilda, 1996)

작가 매들린 랭글은 이렇게 말했습니다.
"어린 시절 우리는 어른이 되면 더 이상 나약하지 않을 거라 생각했다. 하지만 어른이 된다는 것은 나약함을 받아들이는 것이다. 살아있다는 것은 나약하다는 것이다."

grownups
: 어른

be afraid of
: ~을 두려워하다

Don't worry, it's nothing to be afraid of.
: 걱정마세요, 그건 그렇게 걱정할 일이 아녜요.

Please don't be afraid of anything and open your heart.
: 두려워 마시고 본인 마음을 터놓으세요.

마틸다 예고편

Day 3

"You need some time to grow up a little."
"I finished growing up, Leon.
I just get older."

"너는 좀 자랄 시간이 필요해."
"레옹, 나는 이미 다 자랐어요.
늙어갈 뿐이에요."
- 레옹(Leon, 1994)

자라는 것과 늙어가는 것은 정말 다른 의미인 것 같습니다.
나이가 아무리 많아도 자라가는 사람이 있는 반면,
나이가 아무리 어려도 그저 늙어가는 사람이 있습니다.
당신은 어느 편에 속하고 싶으신가요?

grow up
: 성장하다

These days kids grow up so quickly.
: 요즘에는 아이들이 너무 빨리 큰다.
Seriously, as a friend, grow up.
: 정말.. 친구로서 하는 말인데.. 철 좀 들어라.

get older
: 나이가 들다

As people get older, they do not always lose their memory.
: 사람들은 나이가 들수록 항상 기억을 잃어버리는 것은 아니다.
I don't want to get older either.
: 나도 나이 먹기 싫어.

Day4

No mistakes in the tango,
not like life. It's simple.
That's what makes the tango
so great.
If you makes a mistake,
get all tangled up, just tango on.

인생과는 달리 탱고엔 실수가 없어요. 단순해요.
그래서 탱고가 정말 멋진 거죠.
만약 실수를 하면 스텝이 엉키게 되는데, 그게 바로 탱고입니다.
- 여인의 향기(Scent Of A Woman, 1992)

여인의 향기 명장면

실수조차도 멋진 춤을 완성시키는 탱고.
하지만 어쩌면 인생도 이와 같을지 모릅니다.
우리의 실수조차도 훗날 되돌아보면 우리 인생을 완성시키는 과정일 테니.

mistake
: 실수, 잘못

비슷한 의미로 사용되는 단어로는 error, inaccuracy, slip, howler, misprint, typo 등이 있습니다. 차이가 있다면, error는 mistake보다 더 격식적이고, howler는 보통 자기가 꼭 알아야 할 것을 알지 못해서 저지르는 난처한 실수를 말할 때 사용합니다. 그리고 '오자, 오식'이라는 의미의 typo는 주로 책, 잡지 등을 인쇄하기 전에 원고를 교정 보는 일을 하는 사람들 사이에서 주로 쓰입니다.

Day 5

너무 공감이 가는 대사 아닌가요?
재미있는 공부는 없듯, 재미만 있는
인생도 없습니다.

have fun
: 즐기다
<u>반대로 사용할 수 있는 표현으로는
'have trouble(고생하다)'이 있습니다.</u>
Let's have fun!
: 재미있게 놀자!
She had trouble to contact every-
body.
: 그녀는 모든 사람들에게 연락하느라
애먹었다.

If you are having fun, you are not learning.

재미있으면 그건 공부가 아니다.
- 마틸다(Matilda, 1996)

Day1

> Fear, Belief, Love. Phenomena that determine the course of our lives.
> These forces begin long before we are born and continue after we perish.
>
> 두려움, 믿음, 그리고 사랑. 우리 삶의 방향을 결정하는 현상들
> 이러한 힘들은 우리가 태어나기 훨씬 전부터 이미 시작했고,
> 우리가 사라진 후에도 계속된다.
> - 클라우드 아틀라스(Cloud Atlas, 2012)

클라우드 아틀라스 예고편

어쩌면 우리 인생은 거대한 우주 속 한 점,
기나긴 역사 속 글자 한 자에 불과할지 모릅니다.

phenomena
: (PHENOMENON의 복수) 현상들
physiological phenomena
: 생리적 현상
show regressive phenomena
: 퇴행 현상을 보이다
perish
: 죽다, 소멸되다
perish from
: ~으로 죽다.
do a perish
: 죽다, (기아·갈증으로)죽을 고생을 하다
perish by
: ~로 망하다.
perish in
: ~으로 죽다.
perish of
: ~으로 죽다.

Day 2

You go, we go.

네가 가면, 우리도 간다.
- 분노의 역류(Backdraft, 1991)

죽음이 코앞으로 다가온 순간에도 함께해줄 친구가 있는 이의 인생은 얼마나 행복할까요.
나는 누군가의 인생을 행복하게 해줄 친구인가요?

go
: 가다

go는 어떤 형용사와 함께 사용되느냐에 따라서 다양한 의미로 사용됩니다.

go wrong
: 실수를 하다, 잘못하다

go right
: 잘되다

go bad
: 썩다, 나빠지다

go crazy
: 미치다

go bald
: 대머리가 되다

go blind
: 실명하다

Day3

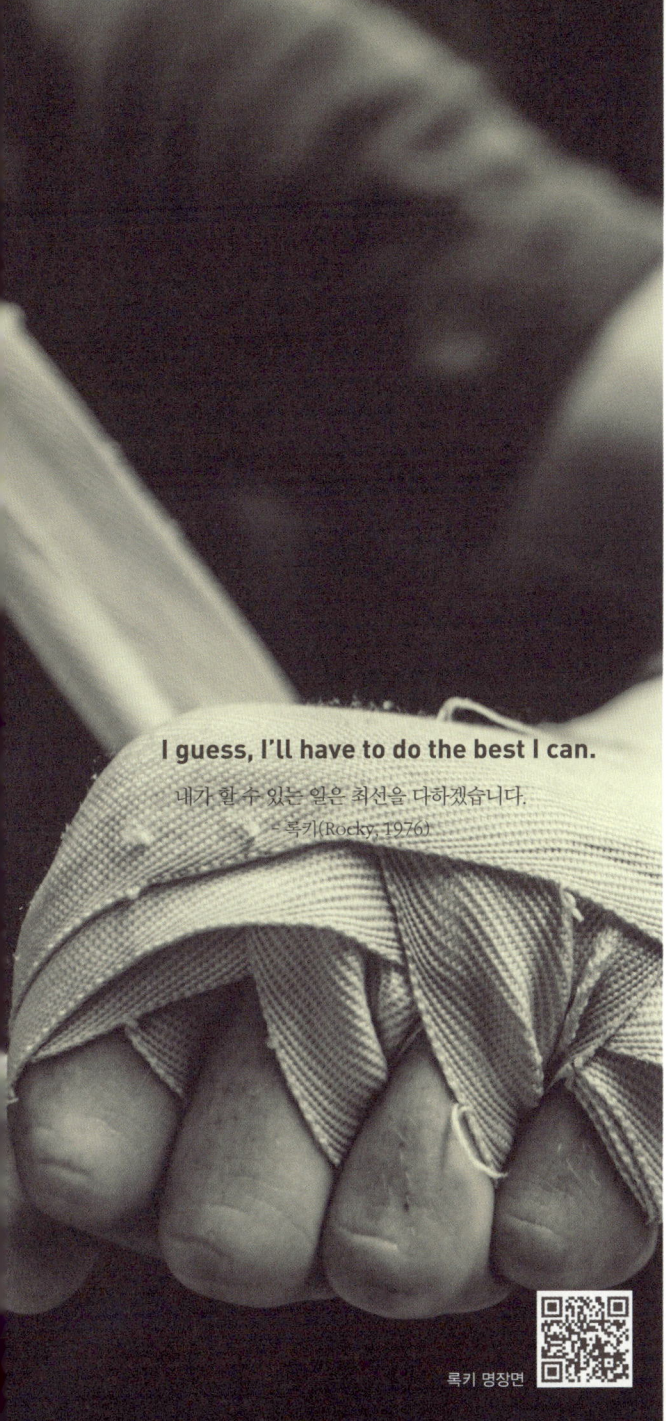

I guess, I'll have to do the best I can.
내가 할 수 있는 일은 최선을 다하겠습니다.
- 록키(Rocky, 1976)

록키 명장면

사랑도, 우정도, 일도, 학업도 할 수 만 있다면 최선을 다해야 해요. 하지만 내가 할 수 없는 부분도 있다는 걸 인정하는 것도 필요해요.

guess
: 추측(짐작)하다
by guess
: 어림짐작으로
guess at
: 짐작하다
to take a guess
: 추측을 하다
I guess so(not).
: 그렇다고(그렇지 않다고) 생각한다.
make a wrong guess
: 헛다리를 짚다
guess right
: 넘겨짚고 말한 것이 맞다

Day 4

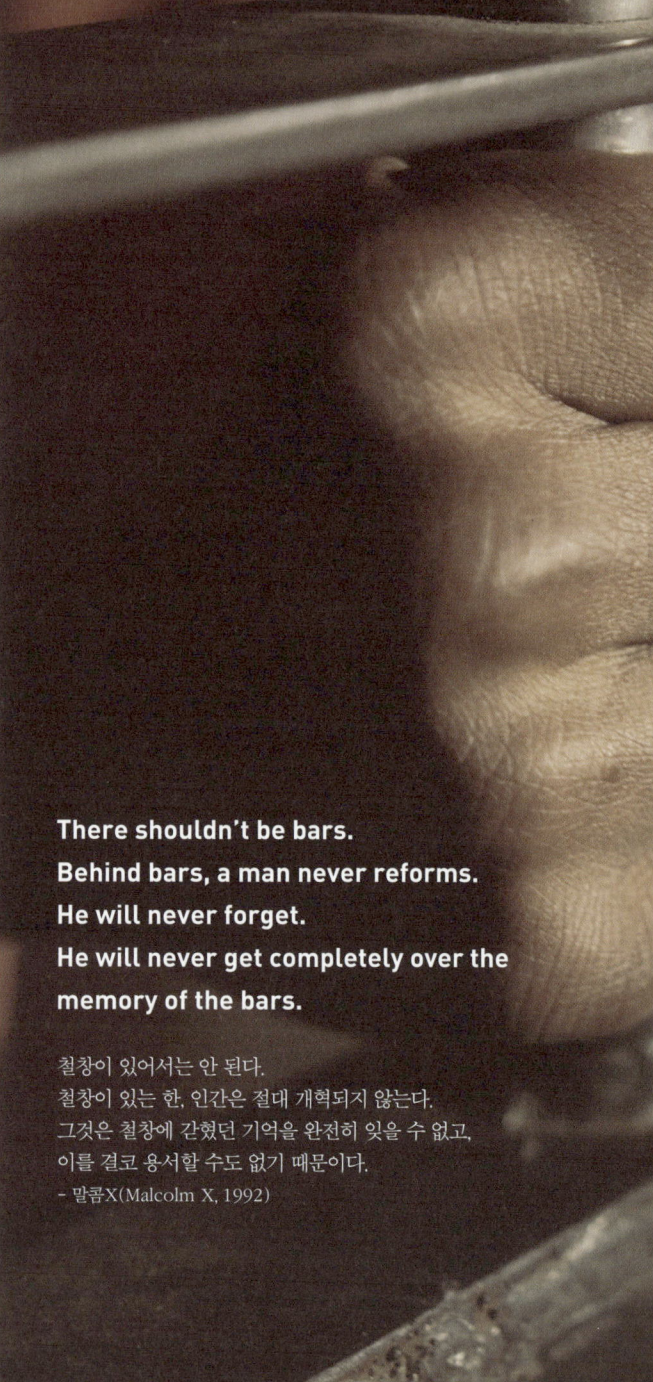

인간다운 삶을 위해 필요한 몇 가지. 사랑, 기회, 그리고 자유.

reform
: (체제·조직·법률 등을) 개혁(개선)하다
The hour has struck for reform.
: 개혁의 시기가 도래하였다.
There is a cry for reform.
: 혁신을 요망하는 소리가 높다.
<u>비슷한 의미로 사용할 수 있는 단어로는 improve(개선하다, 증진하다), correct(정정하다, 고치다, 바로잡다), amend(수정하다) 등이 있습니다.</u>

**There shouldn't be bars.
Behind bars, a man never reforms.
He will never forget.
He will never get completely over the memory of the bars.**

철창이 있어서는 안 된다.
철창이 있는 한, 인간은 절대 개혁되지 않는다.
그것은 철창에 갇혔던 기억을 완전히 잊을 수 없고,
이를 결코 용서할 수도 없기 때문이다.
- 말콤X(Malcolm X, 1992)

Day 5

Have you got fed up with freedom?

당신은 자유가 지겨웠나 보죠?
- 백야(White Nights, 1985)

백야 명장면

처음부터 주어졌다고 해서 당연하게 여겨도 되는 건 아닙니다.

fed up
: 지긋지긋한, 신물난
You look fed up. What's the matter?
: 너 지긋지긋해 하는 표정이야. 무슨 일이니?
<u>비슷한 의미로 사용할 수 있는 단어로는 cheesed off(짜증이 난), depressed(의기소침한, 낙담한), bored(지루한, 따분한), tired(싫증난, 물린, 지겨운) 등이 있습니다.</u>

Day 1

그 단 한 명의 인간이 당신이 될 수도 있습니다.
그것이 긍정적인 변화이든, 그렇지 않든.

kindness
: 호의, 친절
비슷한 의미로 사용할 수 있는 단어로는 goodwill(호의, 친절, 후의, 선의), charity(사랑), generosity(관대, 관용, 아량) 등이 있습니다.

individual
: 개인의
individual의 명사형은 individuality로 '개성, 특성'이라는 의미로 쓰입니다.

a person of distinct individuality
: 개성이 뚜렷한 사람

This college was built with private donations.
: 이 대학은 개개인의 성금으로 지어졌다

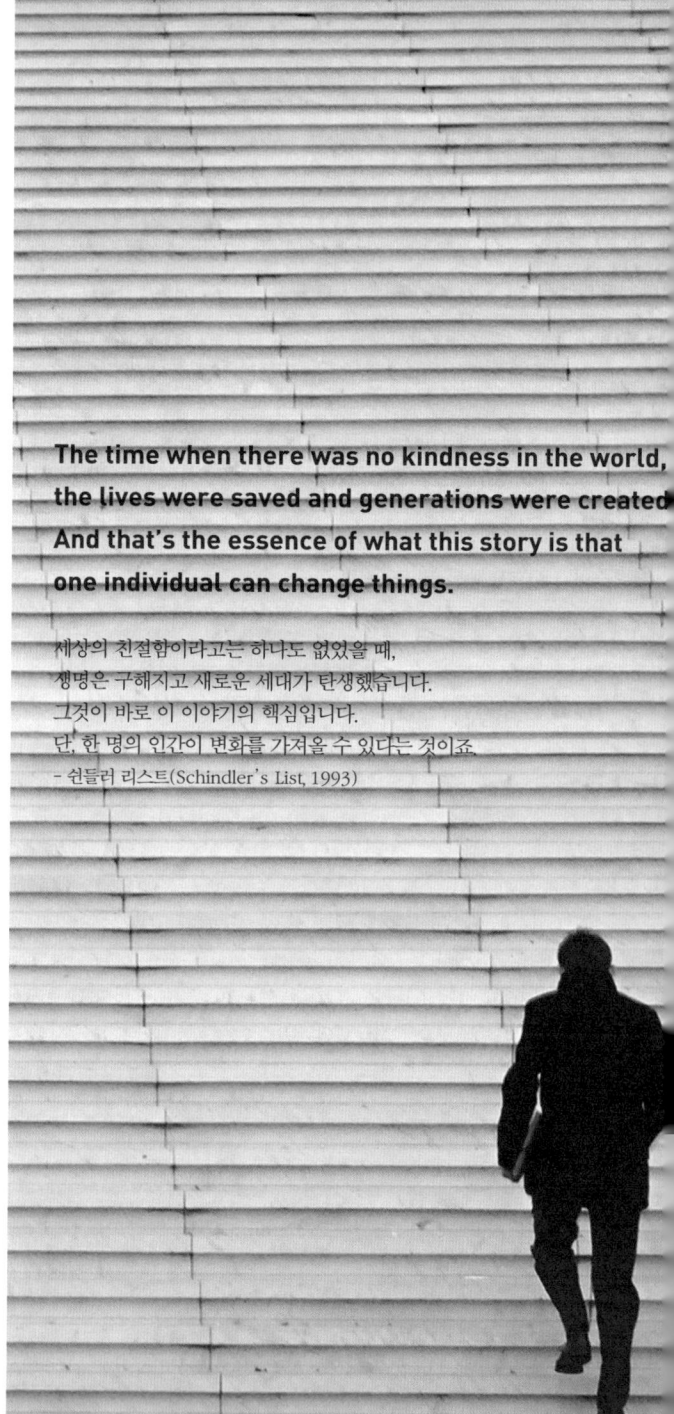

The time when there was no kindness in the world, the lives were saved and generations were created. And that's the essence of what this story is that one individual can change things.

세상의 친절함이라고는 하나도 없었을 때,
생명은 구해지고 새로운 세대가 탄생했습니다.
그것이 바로 이 이야기의 핵심입니다.
단, 한 명의 인간이 변화를 가져올 수 있다는 것이죠.
- 쉰들러 리스트(Schindler's List, 1993)

Day2

He doesn't think you're stupid.
He thinks you're deaf.
Only stupid hearing people think
that deaf people are stupid.

그는 당신이 바보라고 생각하진 않아요.
단지 귀머거리구나 하고 생각하겠죠.
정말 바보는 귀머거리를 바보라고 생각하는 정상인들이에요.
- 작은 신의 아이들(Children Of A Lesser God, 1986)

인생을 바보처럼 만들어가는 것이 환경이 아닌 당신의 생각일수도 있답니다.

deaf
: 귀가 먹은, 청각 장애가 있는
The poor boy has been deaf since birth.
: 그 불쌍한 소년은 태어날 때부터 귀가 멀었다.
The proper safety precaution fell on deaf ears.
: 그 안전조치는 무시되었다.
turn a deaf ear to
: …에 귀를 기울이지 않다
preaching to deaf ears
: 소귀에 경 읽기

Day3

I realize, of course,
that it's no shame to shame to be poor.
But it's no great honor, either.

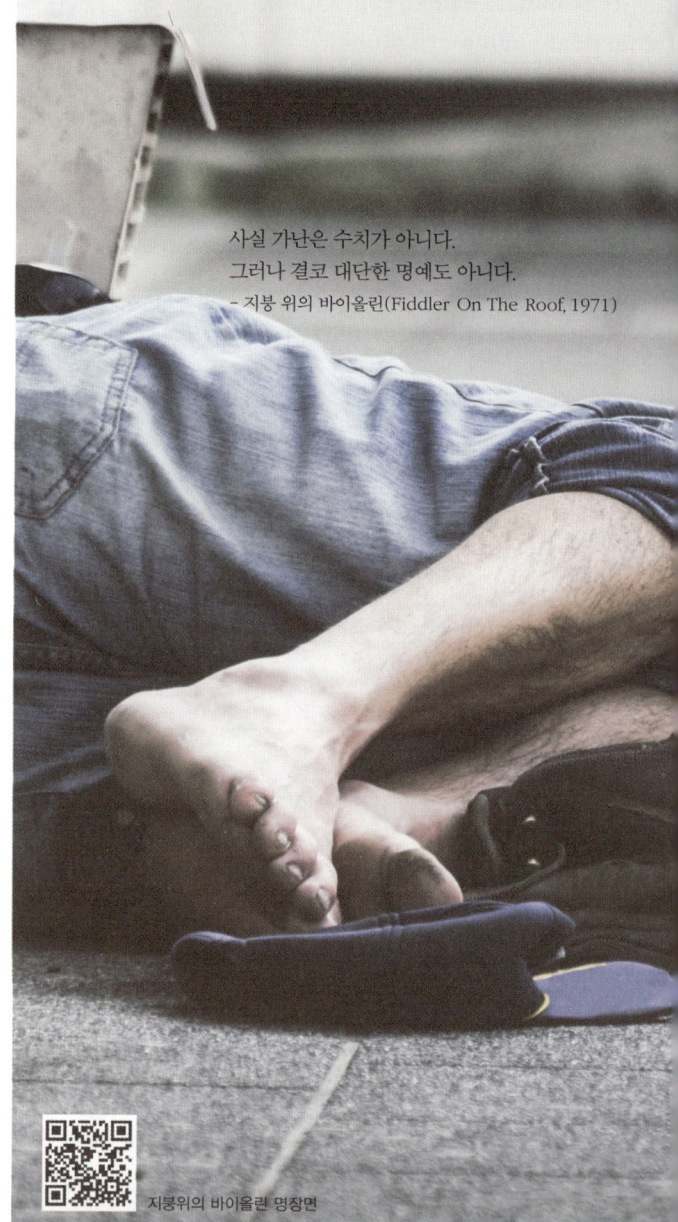

사실 가난은 수치가 아니다.
그러나 결코 대단한 명예도 아니다.
- 지붕 위의 바이올린(Fiddler On The Roof, 1971)

인생이 늘 우리 뜻대로, 노력대로 흘러가는 건 아니지만 먼 훗날, 우리는 살아온 인생에 책임을 져야 합니다.

shame
: 수치심
자주 사용되는 표현은 숙어로 익혀두세요.
feel shame
: 수치심을 느끼다
put somebody/something to shame
: (훨씬 뛰어나서) ~을 부끄럽게 하다
bear shame to
: 염치 불구하고 하다
in shame
: 부끄러워하여
bring shame to
: 무색케 하다
For shame!
: 무슨 꼴이야, 부끄럽지 않느냐, 아이 망측해라!
be a crying shame
: 끔찍한 일이다

지붕위의 바이올린 명장면

Day 4

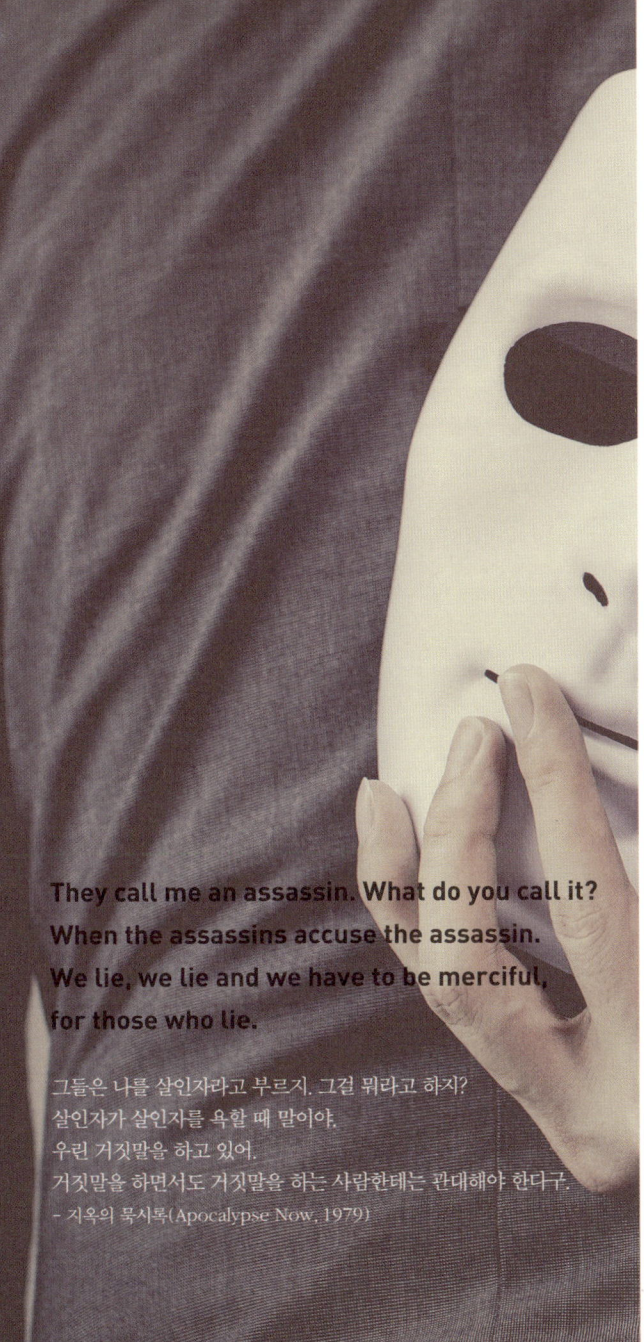

They call me an assassin. What do you call it?
When the assassins accuse the assassin.
We lie, we lie and we have to be merciful,
for those who lie.

그들은 나를 살인자라고 부르지. 그걸 뭐라고 하지?
살인자가 살인자를 욕할 때 말이야.
우린 거짓말을 하고 있어.
거짓말을 하면서도 거짓말을 하는 사람한테는 관대해야 한다구.
- 지옥의 묵시록(Apocalypse Now, 1979)

인생의 아이러니한 순간들이 빚어내는 인간의 불합리한 얼굴.

assassin
: 암살범
<u>이 단어와 함께 자주 쓰이는 단어들을 함께 익혀보세요.</u>
a would-be assassin
: 암살 미수범
a hired killer[assassin, murderer]
: 살인 청부업자
arrest[nab] an assassin
: 흉한을 체포하다
a paid assassin
: 살인청부업자
a hired assassin
: 살인청부업자
a hired assassin[killer, murderer]
: 청부 살인자

merciful
: 자비로운
Euthanasia is often called a merciful killing.
: 안락사는 종종 자비로운 살인이라고 불린다.
We can't be kind, true, merciful, generous, or honest.
: 우린 친절하고 진실하고 자비롭고 관대하고 정직해질 수 없다.

Day 5

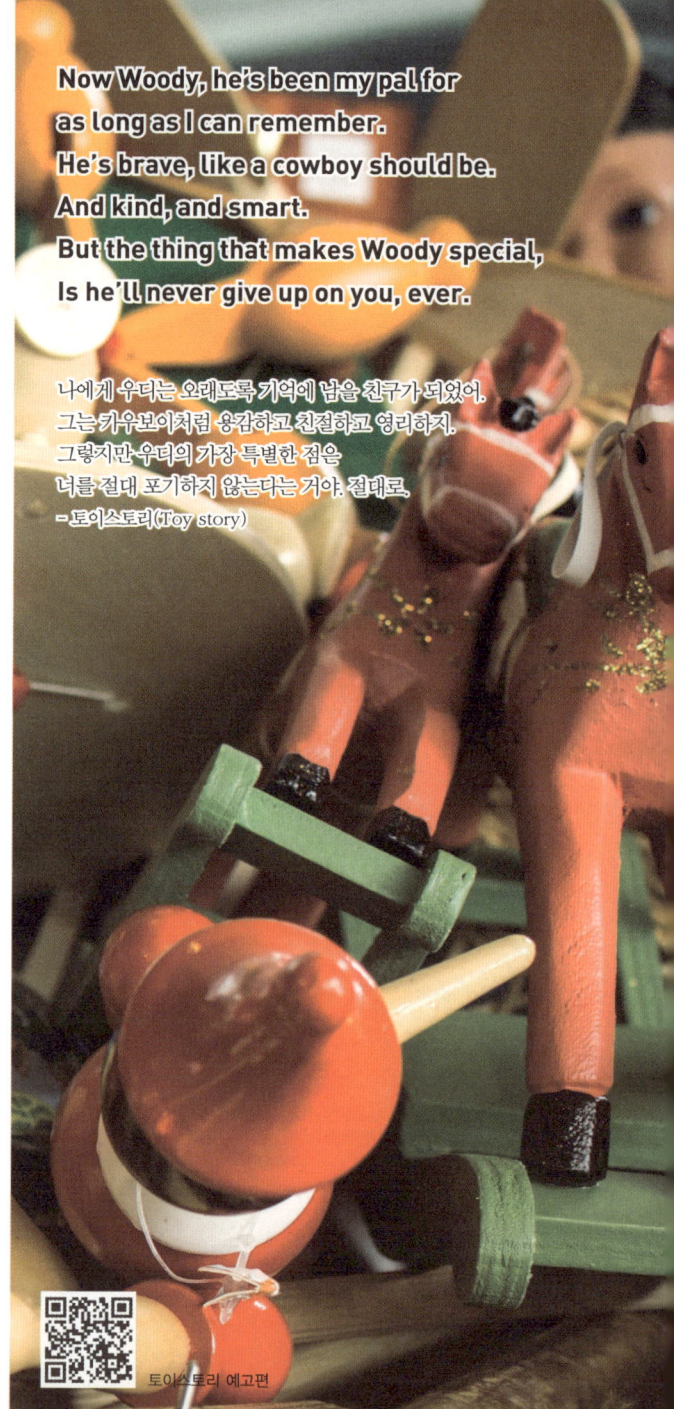

Now Woody, he's been my pal for
as long as I can remember.
He's brave, like a cowboy should be.
And kind, and smart.
But the thing that makes Woody special,
Is he'll never give up on you, ever.

나에게 우디는 오래도록 기억에 남을 친구가 되었어.
그는 카우보이처럼 용감하고 친절하고 영리하지.
그렇지만 우디의 가장 특별한 점은
너를 절대 포기하지 않는다는 거야. 절대로.
- 토이스토리(Toy story)

누군가를 위해 하는 일들 중 가장 어려운 것은 그 사람을 포기하지 않는 거예요.

as long as
: ~하는 한
이 숙어와 관련된 표현들도 함께 익혀 봅시다.
as long as your arm
: 아주 긴
as long as grass grows and water runs
: 영구히
as broad as it's long
: 어차피 결국은 마찬가지로, 오십보백보로

토이스토리 예고편

Day 1

If no one else will defend the world, then I must.

아무도 세상을 지키지 않겠다면 제가 지켜야죠.
- 원더우먼(Wonder Woman, 2017)

아무도 하지 않는다고 해서 쓸모없는 일은 아닌 거예요.
오히려 위대한 일일 가능성이 높죠.

no one
: 아무도 ~않다, 없다
Amazingly, no one noticed.
: 놀랍게도 아무도 눈치를 채지 못했다.
No one knows.
: 아무도 모릅니다.
No one but I opposed.
: 나 이외의 아무도 반대 안 했다.

Day2

The winner takes it all.

승자가 모든 걸 갖게 되지요.
- 맘마미아(Mamma Mia, 2008)

그래서 그렇게들 이기는 데 목을 매나 봅니다.
하지만 이제는 달라진 필요가 있지 않을까요?

takes it all
: 전부 가지다
노래 때문에 이미 입에 착 달라붙은 문장인데요.
어떤 상황에서 어떻게 사용할 수 있는지 예문을 통해 익혀 볼까요?
Take it all. I don't want any.
: 다 가지세요. 난 하나도 필요 없어요.
When you act like that, you must take it all around.
: 네가 그와 같이 행동할 때에 너는 전반적으로 살펴봐야 한다.
OK, I take it all back!
: 좋아, 그거 모두 취소할게!

맘마미아 OST

Day 3

어떻게 살까? 만큼 중요한 질문.
어떻게 죽을 것인가.

wish
: 원하다, 바라다
I wish!
: 그렇기만 하다면(얼마나 좋을까)!
wish somebody/
something on somebody
: (부정문에 쓰여) ~에게 ~이 있기를
(안 좋은 일이 일어나기를) 바라다
wish eagerly
: 간절히 바라다
grant somebody's wish
: 소원을 들어주다
have one's wish granted
: 소원을 이루다

**Mama always said, dying was a part of life.
I sure wish it wasn't.**

엄마는 항상 내게 말했지. 죽음은 삶의 일부분이라고.
나는 그렇지 않다고 믿어.
- 포레스트 검프(Forrest Gump, 1994)

Day 4

연애 컨설턴트인 주인공의 대사입니다.
근데, 잠시만요.
정말 방법을 몰라서 연애는 못한다고 생각하진 않죠?

sweep somebody off their feet
: ~를 정신없이 (사랑에) 빠져들게 하다
비슷한 표현으로는 sweep somebody along/away(~를 정신없이 빠져들게 만들다)가 있습니다.
Are you trying to sweep me off my feet?
: 날 반하게 하려는 거야?

**Any man has a chance to sweep any woman off her feet.
He just needs the right broom.**

어떤 남자든 여자를 사로잡을 수 있지만
관건은 여자를 사로잡는 방법부터 터득하는 거예요.
- 히치(Hitch, 2017)

Day5

We will find a way. We always have.

우린 답을 찾을 거야. 늘 그랬듯이.
- 인터스텔라(Interstellar, 2014)

인터스텔라 예고편

때로는 우리 인간의 존재가 너무도 미약하게 느껴지지만 사실 인간이 그리 녹록한 존재가 아니라는 사실.

find a way
: 방법을 찾아내다
find a way out
: 해결책을 찾다
find a more effective way
: 좀 더 효과적인 방법을 찾다

Day1

Just because someone stumbles and
loses their way,
it doesn't mean they're lost forever.
Sometimes we need little help.

단지 누군가 비틀거리며 길을 잃었다 해도,
그들이 늘 길을 헤맬 것이라는 건 아냐.
우린 가끔씩 도움이 필요해.
- 엑스맨(X-men, 2014)

도움을 요청해도 괜찮아요.
당신 또한 누군가의 도움이 될지 누가 알겠어요.
인생이 다 그런 거니까요.

stumble
: 발이 걸리다, 발을 헛디디다
비슷한 의미로 사용할 수 있는 단어로는 slip(미끄러지다), reel(비틀거리다, 갈지자걸음으로 걷다), falter(비틀거리다, 넘어지다) 등이 있습니다.

Day2

It's when you start to become
really afraid of death...
that you learn to appreciate life.

사람은 누구나 다 그렇지.
죽기 직전에야 삶이 고마운 걸 느끼는 거야.
- 레옹(Leon, 1994)

왜 우린 늘 미리 감사하지 못하는 걸까요?
왜 후회는 늘 우리의 몫인 걸까요?

appreciate
: 고마워하다

preesh는 appreciate의 축약형으로 '고마워'라는 의미를 가진 신조어입니다. 함께 익혀두세요.
Hey, thanks for helping me out the other day. Preesh.
: 이봐, 지난번에 도와줘서 고마웠어. 고마워.

Day3

그저 흘러가는 인생이 있나요.
누군가에게는 쉬워 보이고 인생도
사실 한없는 노력의 산물이에요.

as if
: 마치 ~ 인 듯이
make as if to do something
: ~할 듯이(할 것처럼) 하다
feel as if
: ~처럼 느껴지다, ~같은 느낌이 들다
deliberately
: 신중하게
He packed up his possessions slowly and deliberately.
: 그는 자기 소지품들을 천천히 신중하게 꾸렸다.
We spent a long time deliberating.
: 우리는 신중히 생각하는 데에 오랜 시간을 보냈다.

I just try to live every day
as if I've deliberately come back to
this one day.

오늘이 특별하면서도 평범한 날이라고 생각하며
매일 즐겁게 지내려고 노력할 뿐이다.
- 어바웃 타임(About Time, 2013)

Day 4

Time heals everything.

시간이 모든 걸 해결해준다.
- 나일 살인 사건(Death On The Nile, 1978)

실연당한 친구에게 시간이 약이라는 내 위로에 눈물 콧물 범벅의 친구가 내뱉은 한 마디.
"근데, 그렇게 흘려보낸 내 시간은 어디서 다시 찾아? 그 아픈 시간들은 어디서 보상 받냐고."

heal
: 치유하다, 치료하다, 고치다
heal disease
: 병을 낫게 하다
heal of
: ~를 고치다.
heal up
: 상처가 아물다
fully heal
: 완벽하게 회복되다, 낫다
heal in time
: 때 맞추어, 제때에 회복하다

나일 살인사건 예고편

Day5

Life is an endless series of train-wrecks with only brief, commercial-like breaks of happiness.

인생이란 괴로움의 연속이고, 행복은 광고처럼 짧다.
- 데드풀(Deadpool, 2016)

그래도 그 짧은 행복 덕에 인생을 버틸 수 있는 거 아니겠어요?

brief
: 짧은, 잠시 동안의
endless
: 무한한, 한없는
반대의 의미로 사용되는 단어로는 temporary(일시적인, 잠시의, 순간의, 덧없는)가 있습니다.

Day1

아프니까 청춘이라는 말에 더 아픈 청춘들. 그러니 세상아, 어쭙잖은 위로라든가 어설픈 도움 같은 건 그만 해주길.

out there
: 그곳에, 바깥에
What happened out there?
: 저 바깥에 무슨 일 있었어?
It's still raining cats and dogs out there.
: 밖에 아직도 억수같이 비가 오고 있어요.
Looks like about a 3-foot swell out there.
: 저쪽은 큰 파도가 3피트 정도 되는 것 같아 보여요.

The only place I get hurt is out there.

내가 상처를 입는 건 바깥세상이야.
- 더 레슬러(The Wrestler, 2008)

더레슬러 예고편

Day 2

용서는 우리는 모두 실수할 수 있는 불완전한 존재라는 것을 인정하는 것에서부터 출발합니다.

each other
: 서로(동사나 전치사의 목적어로 쓰임)

greet each other
: 인사를 나누다

look at each other
: 마주 보다

(be) made for somebody/each other
: 천생연분이다

agree with each other
: 뜻이 맞다

We've all done terrible things to each other, but we have to forgive each other. Or everything we ever were will mean nothing.

우리는 서로에게 문제를 일으킬 수 있지만
서로를 용서해야 한다.
그렇지 않으면 우리가 이제껏 가지고 있던
모든 것은 의미 없어질 것이다.
- 스파이더맨3(Spider-Man 3, 2007)

Day 3

Why did you choose this life?
What life?
To be a great warrior.
I chose nothing. I was born and this is what I am.

왜 이런 삶을 택했죠?
어떤 삶?
전장에서의 싸움꾼으로 말예요.
난 선택한 적 없어. 태어날 때부터 그랬던 거야.
- 트로이(Troy, 2004)

트로이 명장면

태어날 때부터 주어진 환경은 선택할 수 없지만 앞으로 살아갈 인생은 선택할 수 있어야 하지 않을까요? 우리 사회가 땀과 눈물이 결실을 맺는 정직한 사회이길.

choose
: 선택(선정)하다, 고르다
<u>비슷한 의미로 사용할 수 있는 단어로는 pick(고르다, 선택하다, 뽑다), select(고르다, 선택하다, 선발하다), opt for(~을 선택하다) 등이 있습니다.</u>

Day 4

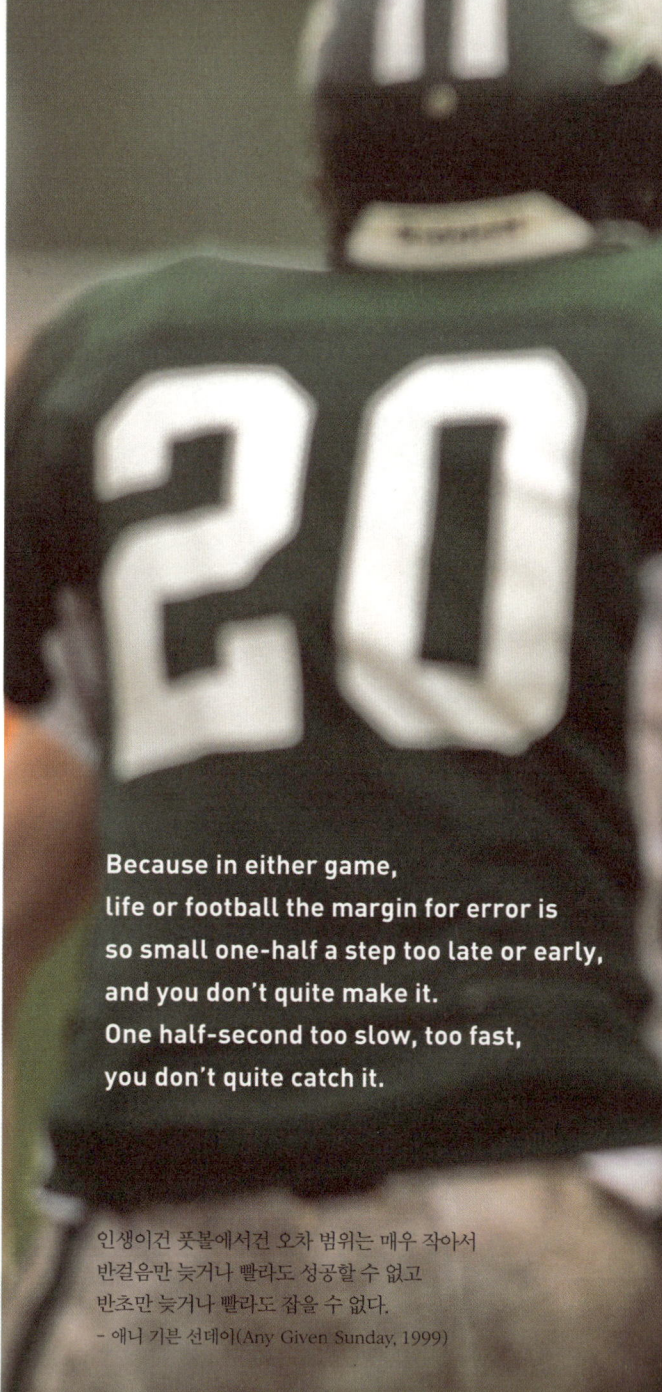

인생은 타이밍이라는 말이 있죠. 그 타이밍을 알아채는 비법은 수많은 경험에 있겠죠.
그러니 하루라도 젊을 때 최대한 많은 것을 경험해보는 것이 중요합니다.

a margin of error
: 잘못이 발생할 여지
Today's security threats leave little margin for error.
: 현재의 보안 위협에는 오류를 허용할 여지가 없습니다.
There would be no margin for error.
: 오차는 없을 것이다.
Specify the probability for the margin of error.
: 오차 한계 확률을 지정합니다.

Because in either game,
life or football the margin for error is
so small one-half a step too late or early,
and you don't quite make it.
One half-second too slow, too fast,
you don't quite catch it.

인생이건 풋볼에서건 오차 범위는 매우 작아서
반걸음만 늦거나 빨라도 성공할 수 없고
반초만 늦거나 빨라도 잡을 수 없다.
- 애니 기븐 선데이(Any Given Sunday, 1999)

Day5

**He who foresees calamities,
suffers them twice over.**

불행을 예견하는 사람은 불행을 두 번 겪는 것이다.
- 미저리(Misery, 1990)

다가올 일에 대비하는 것은 필요하지만 그것에 얽매여 비관적인 생각만 하고 살 필요는 없지 않을까요?

calamity
: 재앙, 재난
calamity howler
: 불길한 예언만을 하는 사람, 비관론자
man-made calamity
: 인재(人災)
an unavoidable calamity
: 천재(天災)
a calamity for
: ~에게 닥친 재난
a dire calamity
: 대참사

Day1

산더미 같은 일, 걱정, 잔소리, 부담감... 때론 내일로 미루는 편이 나을지도 몰라요.

after all
: (예상과는 달리) 결국에는
after all is said and done
: 이러니저러니 해도 결국
after all is said and done
: 미래, 그 후

After all tomorrow is anther day.

내일은 내일의 태양이 떠오를 테니까.
- 바람과 함께 사라지다(Gone With The Wind, 1939)

바람과함께사라지다 명장면

Day 2

**Man is not made for defeat.
Man can be destroyed, but not defeated.**

인간은 패배하지 않는다.
멸망할 수는 있더라도 패배하지는 않는 것이다.
- 노인과 바다(The Old Man And the Sea, 1958)

그러하기에 인간의 무모하고 끝을 모르는 도전이 아름다운 감동을 주는지도 모릅니다.

defeat
: 패배
defeat가 명사로 쓰일 때는 '패배'라는 의미로 쓰이지만, 동사로 쓰일 때는 '패배시키다' 즉, '물리치다'라는 의미로 쓰입니다.
They finally had to admit defeat.
: 그들은 마침내 패배를 인정해야 했다.
He defeated the champion in three sets.
: 그는 세 세트만에 챔피언을 물리쳤다.
The motion was defeated by 1 votes.
: 그 안건은 1표 차이로 무산되었다.

Day3

A civilized divorce is a contradiction in terms.

품위 있는 이혼이란 말은 모순이다.
- 장미의 전쟁(The War of the Roses, 1989)

아름다운 것은 그만큼 추한 법이지요. 인생도 마찬가지입니다.

contradiction
: 모순
self-contradiction
: 자기모순
from a spirit of contradiction
: 트집 잡느라고

장미의 전쟁 예고편

Day4

신뢰가 없는 관계는 결코 오래 유지 될 수 없습니다.
관계에서 신뢰는 진실함에서 시작 됩니다.

being real
: 진실함
in one's real being
: 본심은
She is in a real huff.
: 그녀는 정말 화났어.

Being real is a joke in your world?

진실이라는 것이 네가 살고 있는 곳에서는 농담과 같은 말이니?
- 네버 엔딩 스토리(Never Ending Story, 2012)

Day 5

A dog doesn't care if you are rich or poor, clever or dull, smart or dumb.
Give him your heart and he'll give you his.

바라고, 원망하고, 재고, 원하는 틀에 가두고...
어찌된 게 때로는 개보다 못한 사랑을 하고 있는 것 같다는 생각이 들 때가 있습니다.

poor
: 가난한, 빈곤한

비슷한 의미의 단어로는 disadvan-taged, needy, impoverished, deprived, penniless, poverty-stricken, hard up 등이 있습니다. 이 단어들 중 poor가 가장 일반적으로 쓰이는 단어인데, 자기 자신이나 다른 한 개인, 사람들 집단, 국가, 지역을 묘사할 때 사용됩니다. needy는 보통 사람들 집단에 대해 말할 때 쓰이고, impoverished는 특히 신문 등의 언론에서 쓰이는 말로 빈곤 국가와 거기에 사는 국민들을 가리킬 때 쓰입니다.

개는 네가 부자이든 가난하든
현명하든 우둔하든,
똑똑하건 멍청하건 상관 안 해.
네 마음을 주면
그도 너에게 마음을 줄 거야.
- 말리와 나(Marly & Me, 2008)

Day 1

There is no harm in being something wrong especially of one is promptly found out.

때로는 실수가 해롭지 않을 때도 있다.
특히 그것이 신속히 발견된다면 더욱 그렇다.
- 리틀 빅 히어로(Accidental Hero, 1992)

실수는 빨리 인정하는 순간 도움이 됩니다.
그래야 그것을 빨리 바로잡을 수 있을 테니까요.

promptly
: 지체 없이
All orders will be promptly executed.
: 모든 주문은 신속하게 처리해 드리겠습니다.

find out
: (조사하여) 발견하다, 생각해 내다

find somebody out
: ~의 잘못을 적발하다

find out (about something/somebody)
: (~에 대해) (~을) 알아내다

Day2

때론 가난도 병이 아닐까 하는 생각이 들 때가 있습니다.
가난은 무슨 끔찍한 바이러스를 품은 병자가 된 마냥 관계에서 움츠러들게 만들곤 하지요.

Come away.
: 거기를 떠나서 (이쪽으로) 오너라.
poverty
: 가난, 빈곤
catching
: 질병이 잘 옮는, 전염되는

**Come away.
Poverty's catching.**

떨어지게.
가난에 전염이 된다네.
- 시티 오브 조이(City of joy, 1992)

시티 오브 조이 예고편

Day3

**We all of us wanted babies
but did we want children?**

우리는 모두 아기를 원했다. 그러나 우리가 자식을 원했던가?
- 세 남자와 아기 바구니(Three Men And A Baby, 1985)

결혼, 자녀...
책임감이 주는 무게는 확실히 다른 법입니다.
하지만 그 책임감이 주는 안정감과 만족감 또한 확실히 다른 법이지요.

children
: (child의 복수형) 아이들
Children Playing
: 어린이 보호구역
have no children
: 자식이 없다
runaway children
: 가출 아동들[청소년]

Day 4

Despair is a great incentive to honorable death.

절망은 명예로운 죽음으로 이끄는 큰 자극이다.
- 델마와 루이스(Thelma & Louise, 1991)

전화위복이라는 말이 있지요? 절망스러운 순간이 결국 무너진 무릎을 다시 세울 좋은 자극제가 될 때가 있다는 걸 잊지마세요.

despair
: 절망
fall into despair
: 절망에 빠지다
be in despair
: 절망에 빠지다
black despair
: 암담한 절망
incentive
: (어떤 행동을 장려하기 위한) 장려책
major incentive
: 커다란 자극
an incentive for
: ~를 위한 격려, 장려금

델마와 루이스 명장면

Day5

큰 물이라고 다를 거 있나요?
물고기가 물속에 빠져 죽는다는 건 말도 안 되잖아요?
겁내지 말고, 더 큰 세상으로 한 발 더 내딛으세요.

drown in
: ~에 압도당하다, ~에 싸이다, 덮이다
A child can drown in only a few inches of water.
: 어린이는 그리 깊지 않은 물속에서도 익사할 수 있다.
How did I ever drown in someone so shallow?
: 내가 대체 어떻게 그렇게 천박한 사람에게 빠져든 거지?

You were a big fish in a small pond, but this here is the ocean and you're drown in.

넌 단지 작은 연못의 큰 물고기였을 뿐이야.
하지만 여긴 바다야. 잘못하단 빠져 죽는다구.
- 빅피쉬 (Big Fish, 2003)

Day 1

육체와 정신은 늘 같이 가는 건 아닌가 봅니다.
어느 순간부터 육체를 따라잡지 못하는 정신을 목격할 때가 많아집니다.
물론 육체가 정신을 못 따라갈 때 안타까움은 배가 되지요.

enough
: ~에 필요한 정도로, ~할 만큼(충분히)
enough is enough
: 더 이상은 안 된다 (계속 이대로 둘 수는 없다)
enough said
: 알아들었어 (그러니 그 얘기 그만 해)
sure enough
: 아니나 다를까
be man enough (to do something/for something)
: (~을 할 정도로) 강하다, 용감하다
funnily enough
: 뜻밖이겠지만

I am old enough, I need to time grow up.

난 나이는 먹을 만큼 먹었어. 문제는 아직 어려서 그렇지.
- 레옹(Leon, 1994)

Day2

A defining moment in all of our lives!

우리 삶에 아주 결정적인 순간이야!
- 씽(Sing, 2016)

우리 삶에 과연 결정적이지 않은 순간이 있을까요?
오늘, 지금 바로 이 순간이 당신의 결정적 순간임을 기억하세요.

defining moment
: 본질(정체)이 밝혀지는 결정적 순간
Indeed, it was a defining moment.
: 그날은 정말로 중요한 순간이었습니다.
I would say this is a defining moment in the history of Iraq.
: 이는 이라크 역사상 결정적인 순간이라 하겠습니다.

씽 예고편

Day3

얼굴색이 다르다고 해서 영혼의 색 마저 다른 것은 아니지요.
이런 저런 모양의 사람들이 있지만, 먼저 판단하기보다 그 사람의 영혼을 바라볼 줄 아는 지혜와 배려가 필요합니다.

soul
: 혼, 영혼

soul food
: 미국 남부 흑인들의 전통 음식

soul mate
: 애인, (특히 이성의) 마음이 통하는 친구, 동조자

in my soul of souls
: 마음속 깊이

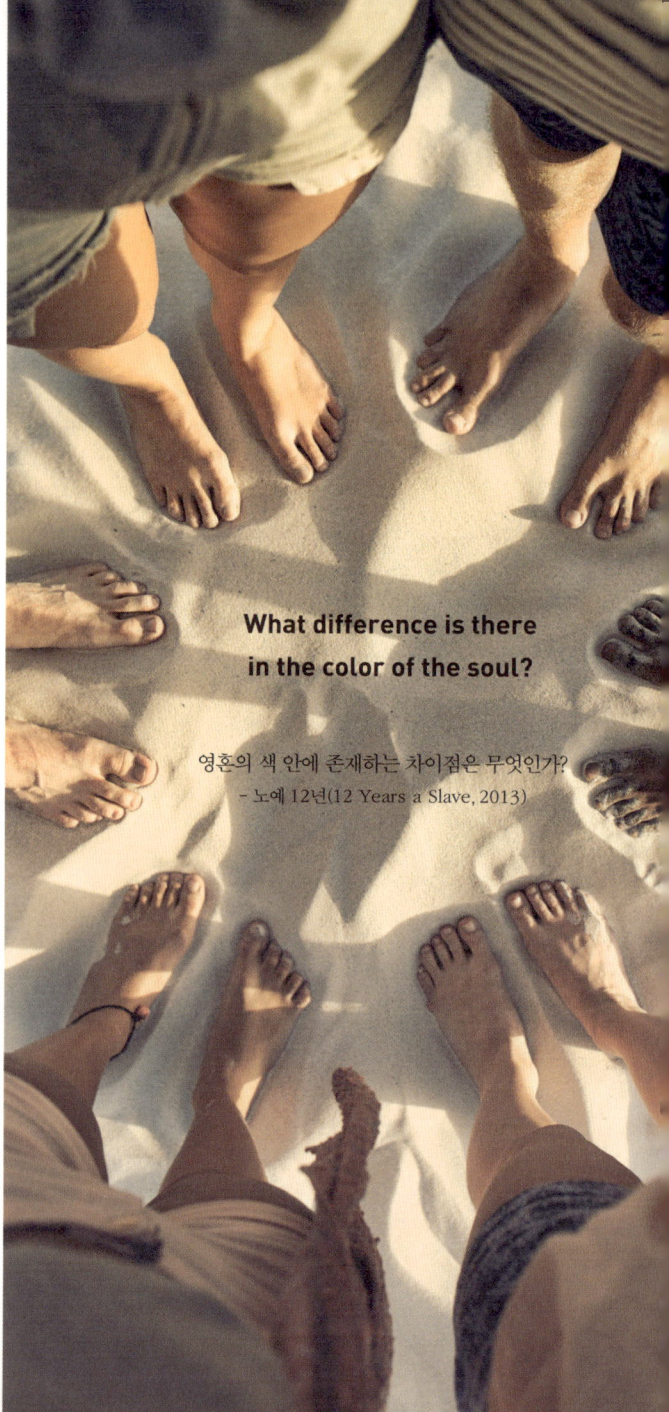

What difference is there in the color of the soul?

영혼의 색 안에 존재하는 차이점은 무엇인가?
- 노예 12년(12 Years a Slave, 2013)

Day 4

Sometimes it's easier living the lie.

때로는 거짓말을 믿고 사는 게 편해.
- 캐치 미 이프 유 캔 (Catch Me If You Can, 2002)

그러나 아픈 진실도 진실입니다. 즐거운 거짓을 사는 것보다 아픈 진실을 마주하는 편을 택하세요. 거짓은 어차피 깨어나야 할 테니까요.

easier
: easy의 비교급

choose an easier way
: 무난한 길을 선택하다

be easier said than done
: 말은 쉽지만 실제 행하기는 훨씬 더 어렵다

make the pain easier
: 통증을 가라앉히다

a thousand times easier
: 훨씬 쉬운

캐치미이프유캔 예고편

Day5

인생은 나그네길, 어디서 왔다가 어디로 가는가. 라는 노래가사가 있지요.
인생이 잠시 왔다 가는 여행이라면 이 힘든 인생도 위로가 됩니다.
이 여행 끝에는 결국 돌아갈 우리의 집이 있다는 이야기니까요.

journey
: (특히 멀리 가는) 여행, 여정

비슷한 의미로 사용할 수 있는 단어로는 trip(여행, 항해), tour(관광 여행, 유람), trek(길고 고된 여행), expedition(원정, 여행), progress(공적 여행, 순행), voyage(항해, 항행), pilgrimage(순례 여행, 성지 순례), odyssey(경험이 가득한 긴 여정) 등이 있습니다.

Chapter 3.
About You

Day1

꼬마의 롤러브레이드처럼 당신의 마음도 상처 받을까 두려워 꽁꽁 숨겨두기만 하고 있지는 않나요? 오늘이라도 용기내보세요. 잃는 건 없어요.

a pair of
: 한 짝의
wreck
: 망가뜨리다, 파괴하다
<u>비슷한 의미로 사용할 수 있는 단어로는 crash(충돌하다, 추락하다, 충돌시키다), slam(충돌하다, 충돌시키다), collide(충돌하다, 충돌시키다), smash(박살내다, 세게 충돌시키다) 등이 있습니다.</u>

I had a nice pair of Rollerblades.
I was afraid to wreck them. so, I kept them in the box.
I just wore them only in my room a couple of times
and do you know what happened?
I outgrew them. I never wore them outside.
If you just keep it to yourself,
maybe it'll be like Rollerblades.
You should take a change. Got nothing to lose.

어렸을 때 저는 롤러블레이드를 갖고 있었어요.
그런데 저는 망가질까봐 상자에 모셔두기만 했죠.
저는 내 방에서 몇 번 신어보기만 했어요.
그랬더니 어떻게 된 줄 아세요?
제 발이 자라서 다시는 신지 못했어요.
감정을 혼자 숨기고만 있으면 아마 그건
내 스케이트처럼 되고 말 거예요.
자신을 바꿔보세요. 잃는 건 없어요.
- 나 홀로 집에(Home Alone, 1990)

나홀로 집에 예고편

Day2

And In this moment I swear we are infinite.

이 순간, 난 확신해 우리에겐 한계란 없어.
- 월플라워(The Perks of Being a Wallflower, 2012)

어느 누구에게도 당신을 한계 지을 권리는 없습니다.
당신의 한계를 만드는 건 오직 당신 뿐입니다.

swear
: (~을 하겠다고) 맹세하다
<u>자주 사용되는 표현을 숙어로 익혀봅시다.</u>
swear somebody in
: (흔히 수동태로) ~에게 (~으로) 취임 선서를 하게 하다
swear to something
: ~을 단언하다
swear by somebody/something
: ~의 이름으로 맹세하다

Day3

Who says that my dreams have to stay just my dreams?

누가 나의 꿈이, 꿈으로만 남는다고 해요?
- 인어공주(The little mermaid : attack of the pirates, 2015)

떠들기 좋아하는 사람들은 타인의 꿈을 헐뜯는 걸 제일 좋아합니다. 그리고 우린 알고 있죠. 그런 사람들의 이야기에 일일이 귀를 기울일 필요는 없다는 걸.

who says (~)?
: (~라고) 누가 그래?(어떤 진술·의견에 동의하지 않음을 나타냄)
Who says you can't have everything?
: 아무것도 가질 수 없다고 누가 그래?
Who says I can't do it?
: 내가 그걸 할 수 없다고 누가 그래?

Day 4

I'm the phoenix rising from the ashes!

잿더미에서 다시 살아나는 불사조처럼 다시 날아오를 거야!
- 라라랜드(La La Land, 2016)

불사조는 수백 년 동안 살다가 스스로를 불태운 뒤 그 재 속에서 되살아난다고 합니다. 어쩌면, 그 전설은 진짜 생명력은 자신을 불태울 정도의 열정에서 온다는 의미가 아닐까요.

phoenix
: 불사조
rise from
: ~에서 다시 살아나다
The dying plant rose from its grave.
: 죽어가는 식물이 되살아났다.
His power is rising from the ashes.
: 그의 권력이 부흥하고 있다.

Day 5

다른 사람들의 기준, 평가에 당신을 속이진 마세요. 당신은 지금 그대로도 너무 사랑스러운 걸요.

no more
: 더 이상
Hold it! There's no more time.
: 멈춰요! 시간이 없어요.
No more chances.
: 더 이상 기회는 없어.
trying to
: ~하려고 노력하다
Are you trying to quit smoking?
: 금연하려고 노력중인가요?
I'm trying to.
: 노력하는 중이에요.

No more trying to be something that I'm just not.

제가 아닌 사람이 되려고 하는 것도 이젠 지쳤어요.
- 금발이 너무해(Legally Blonde, 2001)

금발이 너무해 명장면

Day1

매일 밤 우리로 하여금 이불킥을 이끌어내는 과거의 실수들. 잊으려 애쓸수록 더 선명해지는 건 기분 탓인 걸까요?

either~ or~
: (둘 중에서 선택을 할 때) ~하든 ~하든
I'll try either off or on.
: 어쨌든 해 볼게요.
I don't want either tea or coffee.
: 나는 차든 커피든 원하지 않아요.

You can either run from your past or learn from it.

과거로부터 도망치든 교훈을 배우든 그건 네 결심에 달렸어.
- 라이온 킹(The Lion King, 1994)

Day2

What do you like the most about this place?
Silence.

이 공간에서 가장 좋은 게 뭐야?
침묵.
- 그래비티(Gravity, 2013)

이러쿵저러쿵 사람들의 입방아, 나아질 것 같지 않은 삶의 무게, 시끄러운 사건 사고들. 때로는 지구의 중력에서 벗어나 깊은 침묵 속에 잠기는 휴식이 필요할 때가 있습니다.

What do you like the most about~
: ~에서 가장 좋은 게 뭐야?
<u>문장을 통째로 익혀두면 여러 상황에서 유용하게 사용할 수 있습니다.</u>
What do you like the most about this apartment?
: 이 아파트에서 가장 좋은 게 뭐야?
What do you like about the person most?
: 그 사람의 어떤 점을 가장 좋아하니?

그래비티 OST

Day3

Anyone can be anything.

누구나 무엇이든지 될 수 있다.
- 주토피아(Zootopia, 2016)

여자라서, 장애가 있어서, 집안이 좋지 않아서… 당신의 포기에 붙은 변명들을 떼어내세요. 당신도 알고 있잖아요. 사실 당신은 할 수 있어요!

can be
: ~가 될 수 있다
<u>관련 숙어들을 함께 익혀보세요.</u>
Looks can be deceptive.
: 겉모습은 거짓될(사람을 현혹할) 수가 있다.
Power can be intoxicating.
: 권력은 사람을 취하게 만들 수 있다.
now-it-can-be-told
: 이제야 말할 수 있는
Love, smoke, and cough can not be hid.
: 사랑, 연기, 기침은 감출 수가 없다.

Day4

모든 걸 복잡하게 생각할 수도 있고
나 자신을 의심할 수백만 개의 방법을 찾을 수도 있겠지.
하지만 난 우리가 여기 정말 잠시만 머무른다는 걸 깨달았어.
그리고 내가 여기 이 세상에 있는 동안
난 그냥 내 스스로가 기쁨을 느낄 수 있도록 하고 싶어.
- 그녀(Her, 2013)

I can overthink everything
and find a million ways to doubt myself,
but I've come to realize that
we're only here briefly
and while I'm here
I wanna allow myself..... joy.

그녀 예고편

다른 사람을 위해 살기엔 우리 인생이 너무 짧은 걸요. 자신이 행복한 삶, 사랑하고 사랑받고, 맘껏 기뻐하고 열정적으로 좋아하는 것에 몰두하는 삶. 그런 삶을 살기 위해 노력해야 하지 않을까요?

overthink
: 무엇인가를 너무 많이 생각하는 것
briefly
: 잠시
I'll explain briefly about this new product.
: 제가 이 신제품에 대해 잠시 설명을 드리도록 하겠습니다.
I cast my eyes down briefly.
: 나는 잠깐 동안 눈을 내리깔았다.

Day5

내 외로움이 끝나는 지점에 아마도 당신이 있을 거라 생각해요. 당신을 만나는 순간, 당신과 나 사이에 보이지 않는 견고한 끈이 있다는 걸 알았거든요.

intensely
: 강렬하게, 격하게, 열정적으로, 열심히.
Today's market place is intensely competitive.
: 오늘날의 시장은 매우 경쟁이 심합니다.

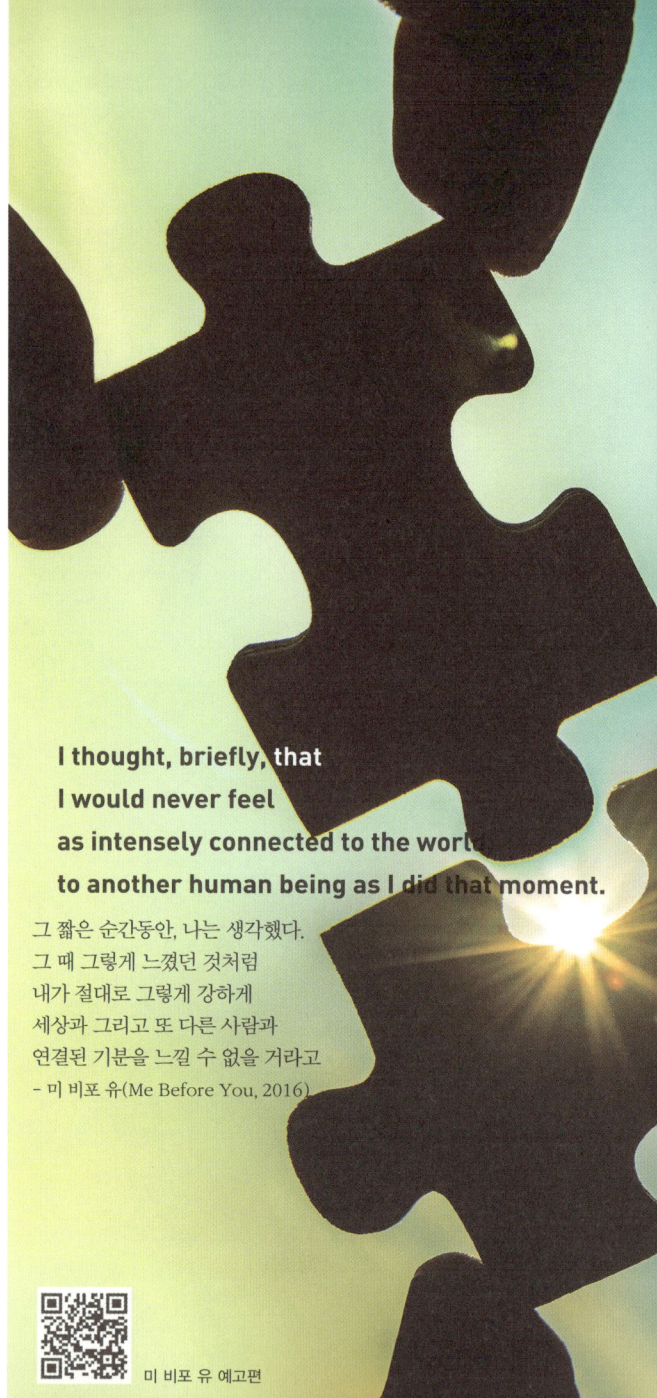

I thought, briefly, that I would never feel as intensely connected to the world, to another human being as I did that moment.

그 짧은 순간동안, 나는 생각했다.
그 때 그렇게 느꼈던 것처럼
내가 절대로 그렇게 강하게
세상과 그리고 또 다른 사람과
연결된 기분을 느낄 수 없을 거라고
- 미 비포 유(Me Before You, 2016)

미 비포 유 예고편

Day1

You must always have faith in people.
And most importantly...
You must always have faith in yourself.

항상 사람들을 믿어야 합니다.
그리고 가장 중요한 것은...
항상 자기 자신을 믿어야 합니다.
- 금발이 너무해(Legally Blonde, 2001)

자신도 스스로를 믿지 못하면서 타인이 지신을 알아주길 바라는 건 어불성설이 아닐까요?

must
: 반드시 ~해야 한다.
Should 보다 조금 더 강한 느낌이 must입니다.

most importantly
: 가장 중요한 것은
most는 최상급이지요. 최상급 most의 비교급은 more입니다.

Day 2

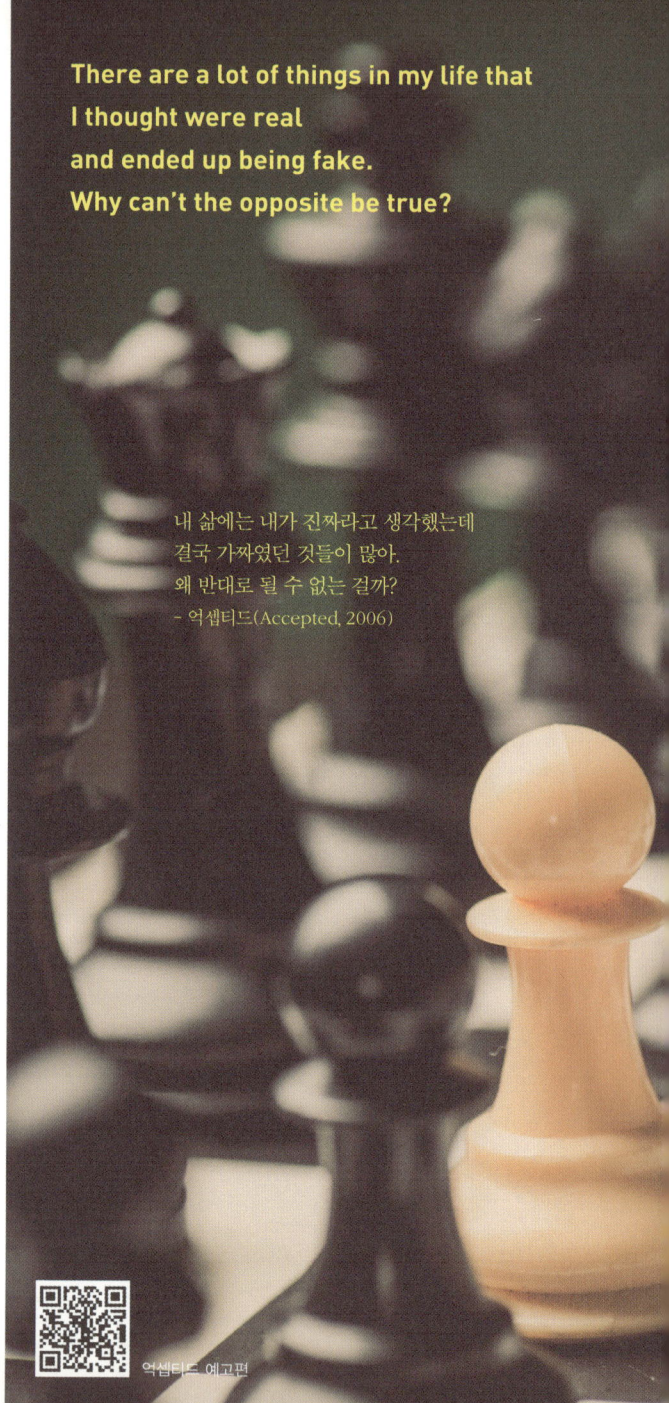

There are a lot of things in my life that
I thought were real
and ended up being fake.
Why can't the opposite be true?

내 삶에는 내가 진짜라고 생각했는데
결국 가짜였던 것들이 많아.
왜 반대로 될 수 없는 걸까?
- 억셉티드(Accepted, 2006)

한 살 또 한 살 나이가 들어가면서 의심과 경계심이 많아지는 건 믿었던 것들에 받았던 배신의 경험 때문이 아닐런지요.

opposite
: 반대(되는 사람·것), 반의어

opposite이 명사로 사용될 때 자주 함께 쓰이는 형용사로는 complete, direct, exact, precise 등이 있습니다. 참고로 opposite + 동사의 형대로 함께 쓰이는 표현으로는 be the case, be true 등이 있습니다.

억셉티드 예고편

Day3

I can't think about the misery.
But about the beauty that still remains.
Try to recapture the happiness within yourself.
Think of all the beauty in everything around you.
And be happy.

나는 어떤 고통도 느낄 수 없었어요.
그러나 아름다움에 대한 것은 여전히 남아 있었죠.
당신 자신 안에 있는 행복을 다시 생각해 보세요.
모든 아름다움에 대한 생각은 당신의 주위에 있어요.
그리고 행복해 지세요.
- 안녕 헤이즐(The Fault in Our Stars, 2014)

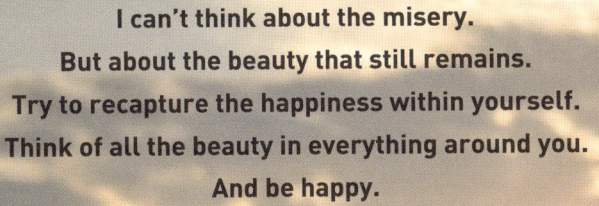

모든 아름다운 것은 우리와 가까이에 있어요. 내가 다가가지 못할 곳을 동경하느라 정작 당신이 가져야 할 행복을 놓치지 마세요.

misery
: (정신적·육체적으로 심한) 고통
make somebody's life a misery
: ~를 비참하게 만들다
be in misery
: 도탄에 빠지다
recapture
: 탈환하다, 회복하다
recapture the past
: 과거를 회상하다
recapture the capital
: 수도를 탈환하다

Day 4

긴 말 할 것 없이. 원한다면, 가서 가지면 그만인 것을.

period (= full stop)
: 더 이상 말하지 마, 끝.

<u>주로 기간, 시기라는 의미의 명사로 사용되지만 지금처럼 부사로 사용될 경우, 이런 의미로 사용됩니다.</u>

The answer is no, period!
: 안 돼. 더 이상 말하지 마!

You got a dream. You gotta protect It.
People can't do something themselves,
they wanna tell you. "You can't do it."
If you want something, go, get it. Period.

넌 꿈이 있어. 그럼 그걸 지켜야해.
사람들이 거기에 대해 뭘 할 순 없지만,
대신에 그들은 네가 그걸 할 수 없다고 말하고 싶어 할 거야.
뭘 원한다면, 가서 가져. 끝.
- 행복을 찾아서(The Pursuit of Happyness, 2006)

행복을 찾아서 명장면

Day 5

People should be able to say how they feel.
How they really feel.
Not, you know, some words that some strangers put in their mouths.
Words like "love"... that don't mean anything.

사람들은 자신이 어떻게 느끼는지 말할 수 있어야해.
정말 그들이 뭘 느끼는지.
다른 낯선 사람들이 지들이 입에 넣고 말하는 그런 말들 말고.
예를 들어 "사랑" 같은 거... 그런 건 아무 의미 없어.
- 500일의 썸머([500] Days Of Summer, 2009)

혹시 당신도 사랑을 믿지 못하나요? 당신의 마음을 닫게 만든 누군가 때문에 사랑까지도 포기하진 마세요.

stranger
: 낯선(모르는) 사람
<u>이 단어와 관련하여 자주 사용되는 숙어들도 함께 익혀보세요.</u>
be a stranger to something
: ~에 익숙한, ~을 많이 겪어 본
a complete stranger
: 전혀 모르는 사람
behave like a stranger
: 남처럼 행동하다
a total stranger
: 정체불명의 사람

Day 1

**Beneath this mask there is more than flesh.
Beneath this mask there is an idea,
Mr. Creedy.
And ideas are bulletproof.**

이 마스크 뒤엔 살점만 있는 게 아냐.
한 인간의 신념이 담겨있지.
총알로는 못 죽이는 신념이!
- 브이 포 벤데타(V For Vendetta, 2005)

어떤 총알로도 뚫을 수 없는 생각. 그것은 때론 바른 신념과 가치일 수 있지만, 때론 아집과 편견일 수 있다는 걸 명심하세요.

beneath
: 아래에, 밑에
비슷한 의미로 사용할 수 있는 단어로는 under(~의 아래에, ~의 바로 밑에), below(~보다 아래에), underneath(~의 아래에) 등이 있습니다.

bulletproof
: 방탄이 되는

브이 포 벤데타 명대사

Day2

어릴 때는 남들이 말하는 내가 중요하지만, 어른이 되면서부터는 스스로의 평가가 더 중요해지는 법이지요. 혹시 다른 사람의 이야기에 너무 많이 흔들린다면, 당신은 좀 더 자랄 필요가 있답니다.

be hard to
: ~하기가 어렵다
be hard to answer
: 대답하기 곤란하다
be hard to define
: 정의하기 어렵다

Maybe it's hard to believe what's with my obvious charm and good looks but people used to think that I was a monster. And for a long time, I believe them. But after a while, you learn to ignore the names people calling you. You just trust who you are.

아마 사람들이 너를 괴물이라고 부르곤 했다는 건 믿기 쉬울지 몰라도 너의 매력과 좋은 외모에 대해서는 믿기 힘들지 몰라. 그리고 오랜 시간동안, 나는 그들의 말을 믿었어. 하지만 어느 정도 후에, 너는 사람들이 너를 그런 식으로 욕하는 것을 무시하는 법을 배우게 될 거야. 그리고 그냥 네가 누군지 믿게 될 거야.
- 슈렉(Shrek, 2001)

Day3

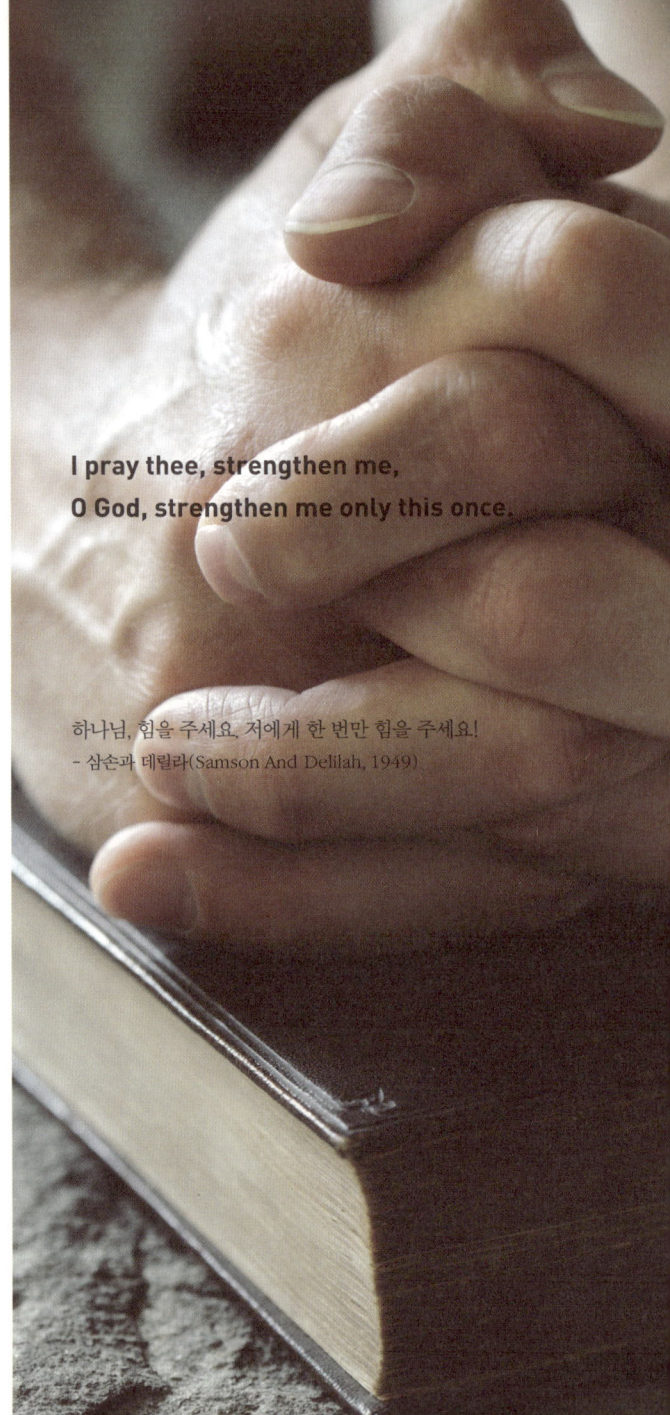

단 한 번의 기회가 간절할 때가 있지요. 평소에 믿어지지 않았던 신을 찾기도 하고. 하지만 놀라운 건, 간절한 만큼 기회는 빨리 온다는 겁니다.

strengthen
: 강화되다, 강력해지다
They strengthen me.
: 그들은 나에게 힘을 실어줄 거예요.
I begged the doctor to tell me what I could do strengthen my back.
: 나는 내 등을 강화시키려면 어떻게 해야 하는지 말해달라고 의사에게 간청했다.

**I pray thee, strengthen me,
O God, strengthen me only this once.**

하나님, 힘을 주세요. 저에게 한 번만 힘을 주세요!
- 삼손과 데릴라(Samson And Delilah, 1949)

Day 4

부모님께 전해주세요.
내가 하는 일을 사랑했고, 그 일에 아주 뛰어났다고.
나 자신보다 더 크고 아름답고 위대한 것을 위해
일하다 죽었다고 전해주세요.
이 정도면 괜찮은 삶을 살았다고 했다고요.
나의 부모여서 감사했다고 전해주세요.
- 마션(The Martian, 2015)

Please tell them.
Tell them I love what I do.
And I'm really good at it.
And I'm dying for something big and beautiful
and greater than me.
Tell them I said I can live with that.
And tell them,
thank for being my mom and dad.

생의 마지막 날. 사랑하는 사람들에게 어떤 사람, 어떤 삶으로 이야기 될 것인가 생각해본 적 있나요? 없다면, 한 번 생각해보세요. 그런데 당신, 그렇게 살고 있나요?

be good at
: ~에 능숙하다
You must be good at making decisions.
: 너는 결정을 잘 해야 한다.
I think you'd be good at it.
: 내 생각에 네가 잘 할 것 같아서.

213

Day 5

지금 당신을 만든 건 지금껏 해왔던 당신의 수많은 선택들이지 누군가의 음모나 부조리함이 아니랍니다. 그러니 앞으로의 당신의 선택이 미래의 당신을 결정하게 되겠지요.

<u>하나의 의미가 아닌 어떤 단어나 절, 문장을 수식할 때 One을 쓰기도 합니다.</u>
one
: 하나 또는 일반사람 또는 앞에 나온 단수 명사를 받을 때
ones
: one의 복수 형 (일반 사람의 복수형), 또는 앞에 나온 복수 명사를 복수형으로 받을 때
the one
: 관계 대명사가 이끄는 절을 받을 때

But the gods aren't the ones who make you Maui. You are.

그러나 당신을 마우이로 만든 건 신들이 아니에요. 바로 당신 자신이지요.
- 모아나(Moana, 2016)

모아나 OST

Day1

**When you've reached rock bottom,
there's only one way to go, and that's up!**

바닥에 떨어졌다고 기죽을 필요 없어!
너에겐 이제 올라갈 일만 남았거든!
- 싱(Sing, 2016)

원래 언제 밀릴까 전전긍긍하는 1등보다 올라갈 곳이 많은 꼴찌가 더 마음이 편한 법이랍니다. 아, 그렇다고 꼴찌를 합리화하진 마시구요.

reach
: ~에 이르다, 닿다, 도달하다
Love is someone to scratch the itch you can't reach.
: 사랑이란 손이 닿지 않는 가려운 곳을 긁어 주는 사람이다.

rock bottom
: 최저점, 최저 수준, 바닥
Prices hit rock bottom.
: 물가가 바닥을 쳤다.

Day2

앞으로 벌어질 일을 누가 알겠어요? 그리고 결과가 어찌됐든 아무 것도 하지 않고 맞이하는 것과 후회 없는 노력 끝에 맞이하는 건 정말 다른 얘기니까요.

be revealed
: 드러나다, 들통이 나다, 공개되다
The secret hasn't come out so far.
: 비밀은 아직 탄로 나지 않았다
The rights and wrongs of an accident will be revealed.
: 사건의 진상은 밝혀질 것이다.

"You believe a man can change his destiny?"
"I think a man does what he can, until his destiny is revealed."

"운명을 바꿀 수 있다고 생각합니까?"
"그 운명이 오기 전까지 최선을 다해야 한다고 생각하오."
- 라스트 사무라이 (2003, The Last Samurai)

라스트 사무라이 명장면

Day 3

**You'll figure that out.
The more you know who you are and
what you want,
the less you let things upset you.**

당신 자신이 누구인지,
무엇을 원하는지 잘 알게 될수록,
당신을 힘들게 하고 혼란시키는 것들이 줄어들 것이다.
- 사랑도 통역이 되나요?(2003, Lost In Translation)

사랑도 통역이 되나요 OST

나를 괴롭히는 건 언제나 나. 사춘기의 방황도, 사랑의 열병도 다 겪었지만, 아직 일다가도 모를 나.

figure somebody/something out
: (생각한 끝에) ~을 이해하다, 알아내다
Can you figure out this song?
: 이 노래를 이해하시겠습니까?
They use sound to figure out their environment.
: 그들은 그들의 환경을 파악하기 위해 소리를 이용한다.

Day 4

**I just wanted you to know that there will be a piece of you in me, always.
And I'm grateful for that.**

그냥 언제나 내 마음 속의 네가 한 조각쯤은 있을 거라고
그렇게 말해주고 싶었어.
그리고 그것에 대해 정말 감사한다고.
- 그녀(her, 2013)

나도 누군가의 마음 속 한 조각으로
남아 있진 않을까.
나의 누군가처럼.

a piece of
: 하나의
a piece of cake
: 식은 죽 먹기
a piece of card
: 두꺼운 종이 한 장
grateful
: 고마워하는, 감사하는
I am extremely grateful to all the teachers for their help.
: 모든 선생님들께 저를 도와주신 데 대해 진심으로 감사드립니다.

Day 5

인생은 우리를 종종 선택의 기로에 놓곤 합니다. 그리고 우리의 선택이 곧 인생이 됩니다.

choice
: 선택
by choice
: 원해서, 자진해서
of choice (for somebody/something)
: (~에 의해/~용으로) 선택되는
have a choice
: 선택권이 있다
multiple-choice
: 문제가 선다형의

**It is our choices, Harry
that show what we truly are,
far more than our abilities.**

해리, 우리가 진짜 누군지 보여주는 건 말이야,
우리의 능력들 보다는 우리의 선택들이란다.
- 해리포터(Harry Potter And The Sorcerer's Stone, 2001)

Day 1

There is nothing noble in being superior to your fellow man.
True nobility is being superior to your former self.

너의 동료보다 조금 더 나아지는 것에 고귀함은 없어.
진정한 고귀함은 어제의 너보다 더 나아지는 거야.
- 킹스맨(Kingsman: The Secret Service, 2015)

여러분은 어제보다 더 나은 사람으로 살아가고 있습니까?

noble
: 고결한, 고귀한, 숭고한
noble-minded
: 마음이 고결한, 도량이 넓은
superior
: (~보다 더) 우수한
vastly superior
: 훨씬 우수한
former
: (시간상으로) 예전의
a former minister
: 전임 장관

킹스맨 예고편

Day2

조금 실패하면 어떤가요? 당신 가슴 속에 아직 꿈이 살아있다는 것보다 중요한 건 없어요.

foolish
: 어리석은
foolish talk
: 어리석은 수작
look foolish
: 얼빠진 얼굴을 하고 있다
pound-foolish
: (한 푼을 아끼고) 천 냥을 잃는
mess
: 엉망(진창)인 상태
mess somebody up
: ~에게 심각한 정신적 문제를 안겨 주다
mess something up
: ~을 지저분하게(엉망으로) 만들다

Here's to the ones who dream.
Foolish, as they may seem.
Here's to the hearts that ache.
Here's to the mess we make.

꿈을 꾸는 그댈 위하여
비록 바보 같다 하여도
상처 입은 가슴을 위하여
우리의 시행착오를 위하여
- 라라랜드(La La Land, 2016)

Day 3

I'm not sure if I lost my family because of my drinking, or if I'm drinking because I lost my family.

내가 술 때문에 가족을 잃은 건지,
아니면 가족을 잃었기 때문에 술을 마시는
- 라스베가스를 떠나며
(Leaving Las Vegas, 1995)

슬픔이 당신을 집어삼키지 않도록 조심하십시오. 그렇지 않으면 당신에게 소중한 사람들조차 슬픔에 휩쓸려 사라져 버리고 말테니까요.

be sure
: 확신하다
be not sure
: 확신하기 어렵다, 확신할 수 없다
be sure of
: ~에 확신을 가지다
to be sure
: 틀림없다, 분명하다
be sure to do something
: (명령문으로 쓰여) 꼭(반드시) ~을 해라

Day 4

인간은 먹고, 자는 시간 이외의 거의 대부분의 시간을 일을 하며 보냅니다. 그래서 대부분의 사람들이 만화 주인공처럼 직업적 습관들로 개개인이 캐릭터화되어 갑니다. 이것이 우리가 직업을 선택할 때 '돈'만 고려할 수 없는 이유 중 하나겠지요.

take a job
: 취직하다
accept a job
: 일을 맡다
take a business job
: 일에 착수하다

A man takes a job, you know and that job becomes what he is.

너도 알다시피, 인간이 한 직업에 종사하다보면 그 직업이 그의 모습이 되는 거야.
- 택시 드라이버(Taxi Driver, 1976)

택시 드라이버 OST

Day5

내가 꼴도 보기 싫을 때가 있지요. 하지만 당신과 평생 함께 가야 할 당신 자신인 걸요. 미운 마음, 자책, 원망을 조금만 씻어내고 사랑하는 시선으로 스스로를 바라봐주세요.

lately
: 최근에, 얼마 전에
not even
: 전혀 ~아니다, ~조차 않다
He can't even write a decent letter.
: 그는 편지 한 장 변변히 못 쓴다.
I can't even work in this heat.
: 이런 더위엔 아무 일도 못하겠어요.

**And lately,
I can't even stand the face I see in the mirror.**

요즘은 거울 속의 내 얼굴이 보기도 싫다.
- 애니 기븐 선데이(Any Given Sunday, 1999)

Day1

People love what other people are passionate about.
You remind people of what they forgot.

사람들은 다른 사람들의 열정에 끌리는 거야.
자신이 잊은 것을 상기시켜주니까.
- 라라랜드(La La Land, 2016)

라라랜드 명장면 _ 언덕 위의 탭댄스

이성이 가장 섹시해보일 때가 언제냐는 물음에 가장 많은 사람들이 자신의 일에 열중하는 모습을 볼 때라고 답했다고 합니다. 열정적으로 무언가에 무섭게 빠져드는 모습만큼 인간을 자극하고 짜릿하게 만드는 게 또 있을까요?

passionate
: 욕정(열정)을 느끼는, 격정적인, 열정적인, 열렬한
be passionate
: 혈기가 왕성하다
passionate critiques of
: ~에 대한 신랄한 비판
a passionate desire for
: ~에 대한 열렬한 욕망

Day2

We easily forget crimes that are known only to ourselves.

우리 자신만 알고 있는 죄는 쉽게 잊는다.
- 죄와 벌(Crime and Punishment, 1935)

사람은 외부에서 일어난 죄악이나 잘못에 관해서는 크게 분개하면서도 자기 자신이 저지른 죄악이나 잘못에 관해서는 모르는 체 묻어둔다.
-파스칼

easily
: 쉽게, 수월하게, 용이하게
I won very easily.
: 거뜬히 이겼어.
He's easily swayed.
: 그는 쉽게 흔들린다.
I get bored easily.
: 나는 쉽게 지루해 한다.
He's too easily led.
: 그는 남의 말을 너무 쉽게 믿는다.

Day 3

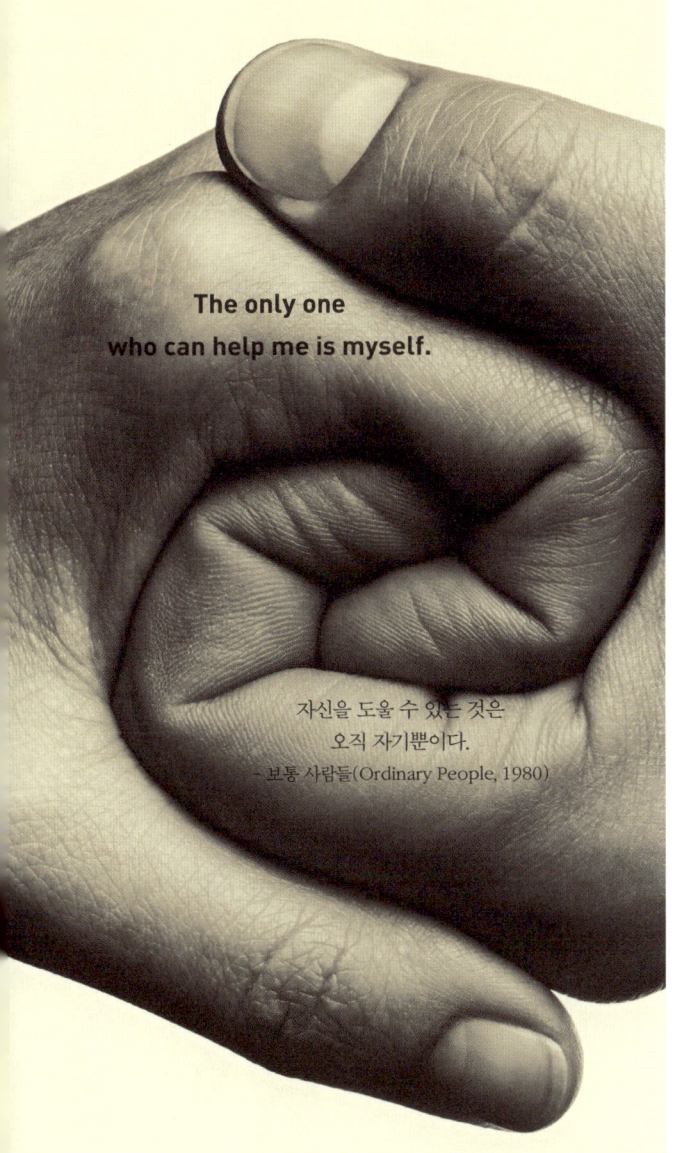

The only one
who can help me is myself.

자신을 도울 수 있는 것은
오직 자기뿐이다.
- 보통 사람들(Ordinary People, 1980)

어떤 누구도 나만큼 나를 이해할 수 없고, 어떤 누구도 나만큼 나를 정확하게 판단하고 비판할 수 없습니다. 결국 나를 움직이는 건 나 스스로뿐입니다.

only one
: 단 하나, 유일한
Only one hour was allowed for each presentation.
: 각각의 발표에 단지 한 시간씩만 허락되었다.
You're the only one that really understands me.
: 나를 진정으로 알아주는 사람은 너뿐이야.
The building is only one story high.
: 그 건물은 1층짜리 건물이다.

Day 4

내가 사랑하는 누군가의 눈빛, 누군가가 사랑하는 내 모습. 그것이 겹쳐지는 마법 같은 순간.

eye on
: 눈여겨보다, 바라보다
fix[set] one's eye on
: 눈독을 들이다
keep one's eye on
: ~에서 눈을 떼지 않다
keep a close eye on
: ~을 감시, 주시하다

I like to feel his eyes on me when I look away.

내가 딴 곳을 바라볼 때
나를 힐끗 쳐다보는 그 사람의 눈빛이 좋아.
- 비포선라이즈(Before Sunrise, 1995)

비포 선라이즈 명장면

Day5

**But still,
it's a matter of
what you do now.**

하지만 여전히 중요한 건
당신이 지금 무엇을 하고 있느냐야.
- 그래비티(Gravity, 2013)

누가 뭐라 해도 당신의 인생은 당신의 것입니다. 지금 당신이 무엇을 원하고 무엇을 하고 있는지, 그게 중요한 겁니다.

still
: 아직(도) (계속해서)
matter
: (고려하거나 처리해야 할) 문제
no matter
: 상관없다, 괜찮다
no matter who, what, where, etc.
: 누가, 무엇이, 어디서 …하더라도 등
subject matter
: (책 · 연설 · 그림 등의) 주제
matter-of-fact
: (아무런 감정 표현 없이) 사무적인

그래비티 명장면

Day 1

**Fashion is not about utility.
An accessory is merely a piece of iconography used to express individual identity.**

패션이 실용적인 도구는 아니에요.
이런 액세서리는 개인의 정체성을 표현하는 아이콘이죠.
- 악마는 프라다를 입는다(The Devil Wears Prada, 2006)

인생에 결정적인 부분을 차지하는 것도 있지만 어떤 것은 당신의 인생을 거들어주고 꾸며주는 플러스 알파의 부분을 차지하는 역할을 합니다. 이것이 인생의 당락을 쥐고 흔들진 않지만, 완벽을 이루는 마지막 한 점이 되는 것은 사실이지요.

utility
: 유용성, 실용성
of no utility
: 소용없는, 무익한
increase the utility (of)
: 효용성을 높이다
an all-round utility player
: 만능선수
merely
: 한낱, 그저, 단지

악마는 프라다를 입는다 OST

Day 2

You can't change who people are without destroying who they were.

타인의 원래 존재를 망치지 않고서는 본모습을 수가 없어.
- 나비효과(The Butterfly Effect, 2004)

우리는 절대 홀로 살아갈 수 없는 존재이지요. 때문에 언제나 나의 어떤 행동과 말, 선택 하나가 타인에게 미칠 영향을 늘 고려해야 합니다.

destroy
: 파괴하다
You want to destroy yourself, you do it on your own!
: 당신을 망가뜨리고 싶으면, 혼자서 하세요.
Humans have been destroying the earth for years.
: 인간은 수년에 걸쳐 지구를 파괴해오고 있다.
Computers, far from destroying jobs, can create employment.
: 컴퓨터는 일자리를 없애는 것이 아니라 오히려 일자리를 창출할 수 있다.

Day3

가장 좋은 결과를 꿈꾸되 가장 처참한 결과에서도 살아남을 방도를 마련해 놓는 지혜. 인생의 다양한 이벤트들을 지치지 않고 지날 수 있는 중요한 팁이랍니다.

plan
: 계획을 세우다, 계획하다, 구상하다
<u>비슷한 의미로 사용할 수 있는 단어로는 devise(궁리하다, 고안하다), arrange(정하다, 준비하다, ~의 예정을 세우다) 등이 있습니다.</u>

worst
: 가장 나쁜, 최악의

Hope for the best, plan for the worst.

최고를 희망하되, 최악을 대비해야 한다.
- 본 얼티메이텀(The Bourne Ultimatum, 2007)

Day 4

I love this place at night, the stars, there is no right or wrong in them. They're just there.

별들 사이엔 옳고 그름이 없지. 그냥 존재할 뿐이야.
- 플래툰(Platoon, 1986)

플래툰 영화소개

어떤 것도 존재 자체가 해가 되는 경우는 없지요. 미움, 질투, 욕망, 사랑, 탐욕… 이런 것들이 깃들기 전까지는 말이에요.

right
: (도덕적으로) 옳은, 올바른
비슷한 의미로 사용할 수 있는 단어로는 correct(옳은, 틀림없는, 정확한), true(정말의, 진실의, 참된) 등이 있습니다.

wrong
: 틀린, 잘못된
비슷한 의미로 사용할 수 있는 단어로는 amiss(적절하지 않은, 형편이 나쁜, 고장난, 잘못된), faulty(결점이 있는, 불완전한) 등이 있습니다.

Day5

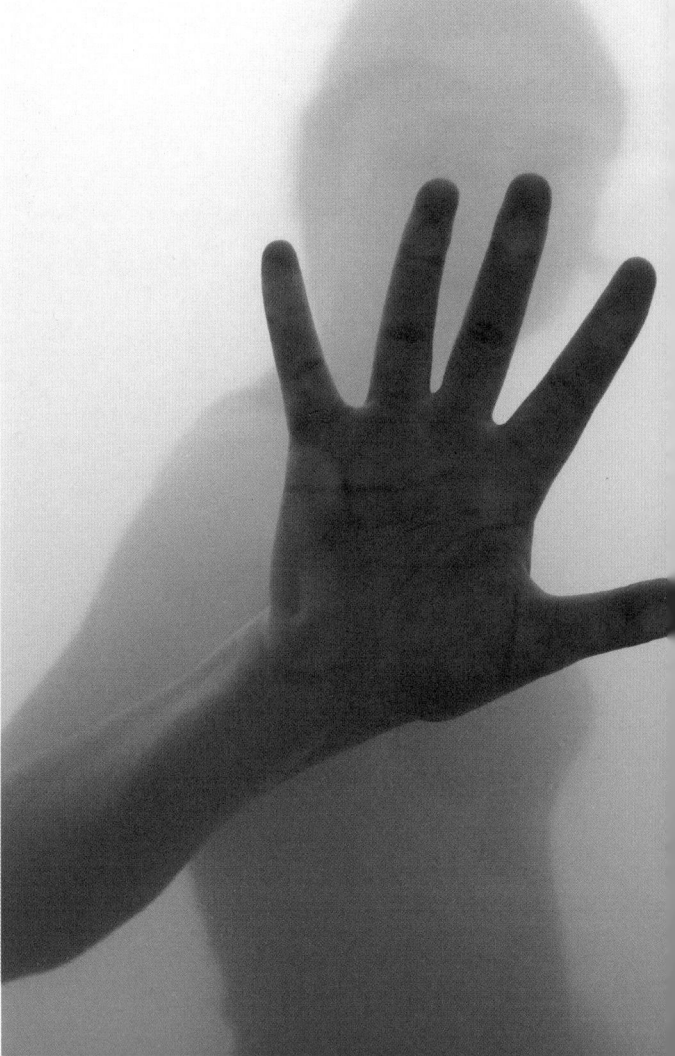

It's only after we've lost everything that we're free to do anything.

우리가 무엇을 하든 자유로워지는 때는
우리가 모든 걸 잃은 후다.
- 파이트 클럽(Fight Club, 1999)

지금 당신이 자유롭지 못하고 늘 불안에 쫓긴다면 한 번 되돌아보세요. 혹시 분에 넘치게 너무 많은 것을 가지진 않았는지.

free to
: 자유롭게 ~하다
Please feel free to contact us.
: 편하게 연락하세요.
Everyone is free to voice their opinion.
: 모든 사람에겐 자신의 견해를 밝힐 자유가 있다.
People should be free to express their individuality.
: 사람들에게는 자신들의 개성을 표출할 자유가 있어야 한다.

Day 1

I'd rather do nothing and be happy than do something I know I don't love.

하기 싫은 일을 하며 사느니
차라리 아무것도 안 하는 게 나아요.
- 라스베가스에서만 생길 수 있는 일(What Happens In Vegas, 2008)

사람들이 부러워하는 일 말고, 당신 스스로가 사랑할 수 있는 일을 선택하세요. 사람들의 시선은 언제든 거두어지기 마련이지만, 당신의 마음은 늘 당신과 함께일 테니 말이에요.

than
: ~보다(비교의 대상이 되는 것을 나타냄)
other than
: ~외에
rather than
: ~보다는 대신에
no less than
: 자그마치
no sooner~ than~
: ~하자마자 바로 ~하다

Day 2

당신의 심장을 뛰게 하는 것은 무엇인가요?
당신, 아직 살아 있기는 한가요?

<u>정말 간단한 문장이지요?</u>
<u>heart와 take의 위치가 바뀌면 그 의미가 전혀 달라집니다.</u>
take heart (from something)
: (특히 가망성이 없다고 생각하던 중에) (~에서) 자신감을 얻다
take something to heart
: ~에 마음을 상하다

My heart still taken.

내 심장은 여전히 뛰고 있어.
- 더 레슬러(The Wrestler, 2008)

Day3

Don't let fear stop from doing the thing you love.

두려움 때문에 네가 좋아하는 일을 포기하지 마.
- 싱(Sing, 2016)

싱 예고편

매일 아침 눈 뜨는 것이 기대되는 삶을 살기 위해서는 당장의 두려움, 걱정을 건너낼 도전과 용기가 필요합니다.

let stop
: 멈추게 하다, 그만두게 하다
I won't let you stop me.
: 난 네가 날 막도록 두지 않을 거야.
Please let us stop and listen.
: 멈추고 듣도록 해요
Let's stop. Stop!
: 그만하자, 그만!

Day 4

Making comparisons can spoil your happiness.

다른 사람과 비교하는 것은 자신의 행복을 망친다.
- 꾸뻬씨의 행복여행(Hector and the Search for Happiness, 2014)

어느 누구도 다른 사람과 스스로를 비교하는 순간 행복에서 멀어지게 됩니다. 그저 당신의 삶에만 집중하세요. 다른 사람의 인생을 보며 침을 흘리느라 보내는 시간이 아깝지 않나요?

comparison
: (~와) 비교함

<u>대조, 대비라는 의미로 사용할 수 있는 단어로는 contrast(대조, 대비), distinction(구별, 차별) 등이 있습니다.</u>
I think I'll do comparison shopping.
: 비교 구매를 해야 겠어요.
There's no comparison between frozen and fresh fish.
: 냉동 생선과 싱싱한 생선은 비교가 안 된다.

Day5

You'll have bad times but,
it'll always wake you up to the good stuff
you weren't paying attention to.

힘든 시기를 겪을 거야. 하지만, 그게 항상 너로 하여금
이제껏 알아채지 못했던 좋은 것들을 깨닫게 해줄 거야.
- 굿 윌 헌팅(Good Will Hunting, 1997)

이상적인 인간은 삶의 불행을 위엄과 품위를 잃지 않고 견뎌내 긍정적인 태도로 그 상황을 최대한 이용한다. - 아리스토텔레스

stuff
: 가리키는 사물(들)·물질 등의 이름을 모르거나 그것이 중요하지 않을 때, 또는 무엇을 가리키는지가 분명할 때 씀, 것(것들), 물건, 물질

stuff it
: 아니지 뭐 어때. (무엇에 대해 마음을 바꾸었음·상관하지 않음을 나타냄)

hot stuff
: 섹시한 사람

do your stuff
: 장기를 발휘하다, 자기 할 일을 하다

Day1

당신을 둘러싼 환경은 바꿀 수 없다 해도, 당신이 어떤 사람인지를 결정하는 것은 결국 당신입니다. 환경을 어떻게 받아들이고 어떻게 다루느냐에 따라 당신 또한 어떤 사람인지 결정될 겁니다.

deal with (somebody)
: ~를 대하다, 상대하다

I never like the way doctors deal with patients.
: 나는 의사들이 환자들을 대하는 투가 전혀 마음에 들지 않는다.

You always get a square deal with that travel firm.
: 그 여행사에서는 항상 공평한 대우를 받을 수 있다.

You can't change who your parents are, the only thing you can change is how you choose to deal with them.

당신이 당신의 부모가 누군지를 바꿀 수는 없어요.
다만 당신이 바꿀 수 있는 건
어떻게 당신이 그들을 대하느냐를 선택하는 것이죠.
- 50/50(2011)

Day 2

A single grain of rice can tip the scale.
One man may be the difference
between victory and defeat.

한 톨의 쌀이 저울을 움직일 수 있다.
한 사람이 승리와 패배의 차이가 될 수도 있다.
- 뮬란(Mulan, 1998)

뮬란 OST

어떤 사소한 것도 하찮게 여겨서는 안 됩니다. 그것이 사람이든, 물건이든, 생각이든 간에 사소한 차이가 결정적 차이를 만들어 내는 법이니까요.

tip
: (어떤 것이 어느 방향으로 가도록) 살짝 건드리다
tip the balance/scales
: 결과에 영향을 주다, 국면을 전환시키다
tip up/over
: 넘어지다, (아래위가) 뒤집히다, ~을 넘어뜨리다, 뒤집다' 등이 있습니다.

Day 3

Pluck up the courage and ask me before somebody else does!

용기내서 다른 사람이 물어보기 전에 나한테 물어봐
- 해리포터(Harry Potter And The Sorcerer's Stone, 2001)

해리 포터 OST

용감한 자는 두려움이 없는 자가 아닌 두려움을 정복하는 사람입니다.
- 넬슨 만델라

pluck up
: 힘(용기)을 내다, 분발하다
Pluck up! You aren't hurt badly.
: 괜찮다! 용기를 내라, 상처는 대단치 않다.
I finally plucked up the courage to ask her for a date.
: 나는 마침내 용기를 내어 그녀에게 데이트를 신청했다.
So I plucked up my courage and started running.
: 그래서 난 용기를 내어 달리기 시작했어.

Day4

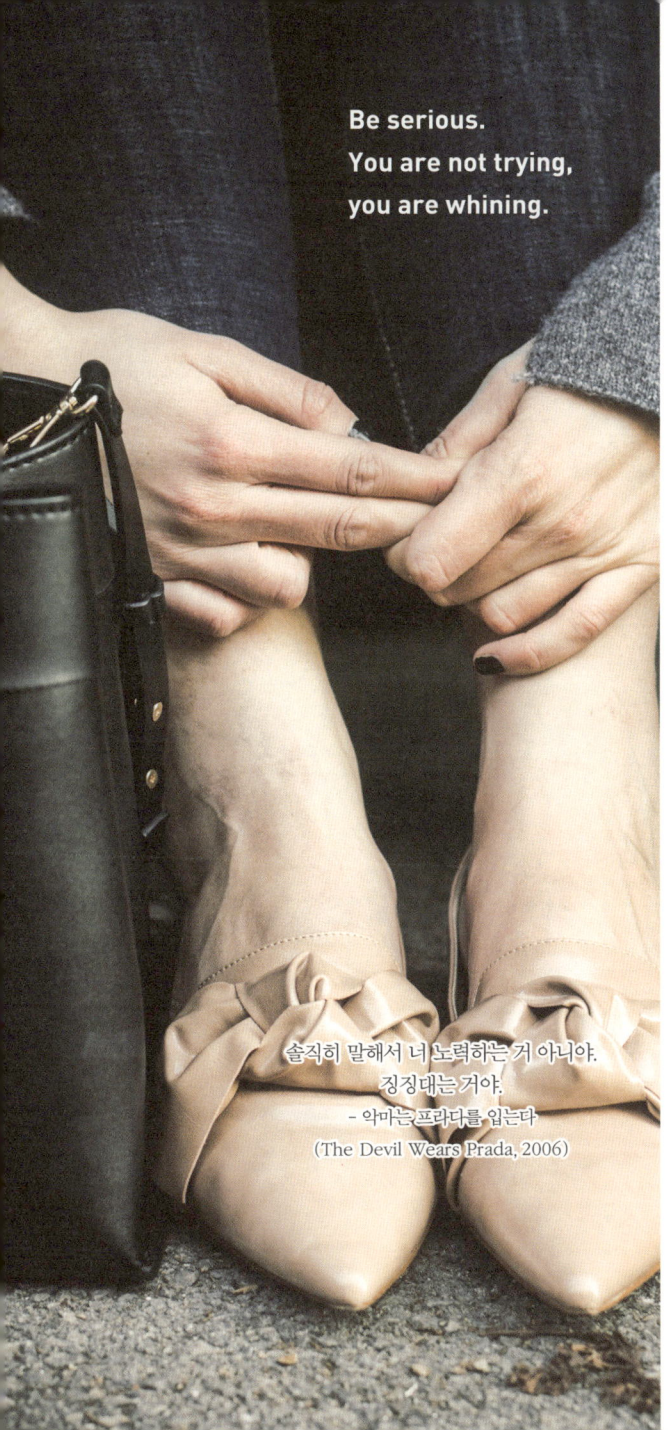

Be serious.
You are not trying,
you are whining.

솔직히 말해서 너 노력하는 거 아니야.
징징대는거야.
- 악마는 프라다를 입는다
(The Devil Wears Prada, 2006)

누군가가 알아주지 않는다고 해서, 그만큼의 성과가 드러나지 않는다고 해서 투덜대지 마세요. 진짜 노력하는 사람은 말을 아끼고 행동을 서두르는 법입니다.

whining
: 흐느껴 우는, 투덜대는
Stop whining!
: 그만 징징거려!
whine on (about)
: 하소연을 늘어놓다
whine about trifles
: 하찮은 일에 우는 소리를 하다

Day 5

**I'm not afraid of dying.
I'm afraid I haven't been alive enough.**

난 죽는 게 두렵지 않아. 다만,
내가 충분히 살아있지 않았다는 것이 두려워.
- 미스터 노바디(Mr. Nobody, 2009)

매일 똑같이 반복되는 무료한 하루. 두근대는 심장을 느껴본지가 언제인지 알 수 없고, 도무지 내일이 기대되지 않는다면 그것만큼 헛된 인생이 또 있겠어요?

have been + 형용사
: ~한 적이 있다, ~인 적이 있다

Have been 다음에 alive와 같은 형용사가 오면 과거 경험을 나타내는 의미가 됩니다. Have not been이기 때문에 과거 살아있었던 적이 없었다 라고 해석이 되는 거지요.

미스터 노바디 예고편

Day1

**Everybody is special.
Everybody is a hero, a lover,
a fool, a villain. Everybody.
Everybody has their story to tell.**

모두가 특별하다.
모두 영웅이고, 애인이며, 멍청이, 악당이다. 모두가.
그리고 모두가 그들만의 이야기가 있다.
- 브이 포 벤데타(V For Vendetta, 2005)

누구나 자기 삶 속에선 자신이 주인공인 법입니다. 그리고 어떤 삶도 소중하지 않은 삶은 없습니다.

villain
: (이야기 · 연극 등의 중심인물인) 악당
He plays the villain very well.
: 그는 악역을 잘한다.
Would you like to be a villain or a hero?
: 악당이 되고 싶어요, 아니면 영웅이 되고 싶어요?

245

Day 2

주어진 시간이 많을수록 늘 유리한 법은 아닙니다.

drop to
: 떨어지다, ~에 빠지다
continue to drop
: 계속해서 하락하다
What will the temperature drop to on Monday night?
: 월요일 밤에는 기온이 몇 도까지 내려갈까?

**On a long enough time line,
the survival rate for everyone drops to zero.**

충분히 긴 시간의 타임라인에서
우리의 생존 확률은 0으로 떨어진다.
- 파이트 클럽(Fight Club, 1999)

파이트클럽 예고편

Day 3

It's a funny thing about coming home. Looks the same, smells the same, feels the same. You'll realise what's changed is you

참, 집에 돌아오는 것이 웃긴 거지. 같아 보이고, 냄새도 같고, 느낌도 같은데 바뀐 게 너라는 걸 깨닫게 될 거야.
- 벤자민 버튼의 시간은 거꾸로 간다
(The Curious Case Of Benjamin Button, 2008)

모든 것이 원 상태로 돌아왔다고, 변한 건 없다고 스스로를 다잡아도 결국 알게 되지요. 변한 건 당신이라는 걸. 결코 이전 같아질 수 없다는 걸.

realise
: '깨닫다, 이해하다'라는 의미로 말할 때 우리에게 익숙한 것은 realize이지만, 영국에서는 realise라고 말하기도 합니다.
Don't you realise why I'm mad?
: 너 내가 화난 거 모르겠어?
I don't think you realise the gravity of the situation.
: 당신이 상황의 심각성을 깨닫지 못하고 있는 것 같군요.

Day 4

적당한 두려움은 우리 안에 도전의식과 용기를 일깨워주는 법입니다.

shut (something) down
: (공장·가게의) 문을 닫다, (기계를) 정지시키다
fear
: 공포, 두려움, 무서움
Courage is fear that has said its prayers.
: 용기는 기도를 마친 두려움이다.
Fear of failure sometimes drives people to succeed.
: 실패에 대한 두려움은 때로는 사람들을 성공에 이르게 한다.

**You're afraid of heights.
Everyone's afraid of something. But not you…
Fear doesn't shut you down; it wakes you up.
That's what makes you dangerous.**

넌 높은 곳을 두려워하는 구나.
누구나 어떤 것을 두려워하지. 하지만 넌 아냐.
두려움은 널 멈추지 못해 오히려 널 일으켜 세우지.
그게 널 위험하게 만드는 거야.
- 다이버전트(Divergent, 2014)

다이버전트 영화 소개

Day5

누구나 영웅이 될 수 있어요.
어린 아이의 어깨에 코트를 걸쳐주며 세상이 끝나지 않았다고 말해주는 사람도 영웅이죠.
- 다크 나이트 라이즈(The Dark Knight Rises, 2012)

Anyone can be a hero.
Even a man who put a coat around
a young boy's
shoulders to let him know
the world hadn't ended.

그것이 길가는 할머니의 짐을 들어 드리는 것이든, 한 어린아이에게 따뜻한 한 마디를 건네는 것이든. 당신이 할 수 있는 무언가를 기꺼이 하는 것. 그것이 당신을 특별하게 만들어 줄 거예요.

let somebody know
: ~에게 알리다, 말하다
I'll let you know my schedule.
: 나의 일정을 알려줄게.
Can you let me know what time it leaves again?
: 몇 시에 출발하는지 다시 한 번 말씀해 주시겠어요?

Day 1

If just becomes all these shapes.
Just shapes. Not good or bad.

얼굴은 그 사람을 확인시켜주는 껍데기야.
형식일 뿐이라고, 형식은 아무 의미 없어.
- 고양이와 개에 관한 진실 (The Truth About Cats & Dogs, 1996)

형식이 아무 의미가 없는 건 아니지만, 형식보단 내용이 중요하다는 건 너무도 당연한 이치지요. 문제는 그 당연한 이치를 잊어버릴 때가 많다는 거구요.

shape
: 모양, 형태
take shape
: 형태를 갖추다, 구체화되다
out of shape
: 형태가 찌그러진
get (yourself) into shape
: (운동 · 좋은 음식 등으로) 건강을 유지하다, 몸매를 맵시 있게 가꾸다
get/knock/lick somebody into shape
: (특정한 일 · 과제 등을 잘 하도록) ~를 교육시키다
get/knock/lick something into shape
: (제대로) ~이 형체를 갖게 하다, ~을 정리하다

Day2

스펙을 쌓는 것보다 당신의 개성을 찾는 게 먼저입니다. 바로 지금, 떠올랐을 때 찾지 않으면 영영 찾을 수 없는 법이니까요.

strive
: 분투하다
strive to be first
: 앞을 다투어 ~하다
strive hard
: 몹시 애쓰다
strive for perfection
: 완벽을 기하다
strive for mastery
: 우열을 다투다

You must strive to find your own voice. Because the longer you wait to begin the less likely you are to find it at all.

너만의 목소리를 찾기 위해 분투해야해!
왜냐하면 오직 시작하기 위해 더 오래 기다릴수록,
더 찾기 힘들어질 테니까.
- 죽은 시인의 사회(Dead Poets Society, 1989)

죽은 시인의 사회 마지막 장면

Day3

They judge me before they even know me.
That's why I'm better off alone.

개들은 나를 알기도 전에 나를 판단해.
그래서 내가 혼자 있는 게 나은 거야.
- 슈렉(Shrek, 2001)

누군가를 잘 안다고 장담하지 마세요. 아무 생각 없이 내뱉은 한 마디의 판단이 누군가를 고립시키는 상처가 되어 꽂힐 수 있습니다.

judge
: (~로 미루어) 판단하다, 여기다
judge rashly
: 섣불리 결론을 내리다
judge by
: ~으로 판단하다
judge wrong
: 그릇 판단하다

슈렉 OST

Day 4

**You can change or stay the same, there are no rules to this thing.
We can make the best or
the worst of it.
I hope you make the best of it.**

너는 변할 수도 있고,
그대로 머물 수도 있다.
그런 것에 규칙 따위는 없다.
비관만 할 수도,
또는 최대한 다 해보려 할 수도 있겠지.
난 네가 최선을 다하길 바란다.
- 벤자민 버튼의 시간은 거꾸로 간다
 (The Curious Case Of Benjamin Button, 2008)

누군가 말했지요. 우리의 인생은 우리가 노력한 만큼 가치가 있다고.

make the best of something/it
: (힘든 상황에서도) 나름대로 최선을 다 하다
Make the best (use) of your time.
: 되도록 시간을 유효하게 쓰시오.
From now on, I will try to make the best decisions.
: 이제부터 난 가장 좋은 선택을 하려고 노력할 거야.

Day5

결국 우리는 하루하루 죽음과 가까워져 가는 인생입니다. 오늘 하루 무사하다는 사실에 감사하지 못할 이유가 있을까요? 당신을 행복하게 만드는 건 결국 당신의 생각입니다.

consider
: (~을 ~로)여기다, 생각하다
Consider yourself lucky.
: 행운인 줄 알아요.
I consider time more important than money.
: 난 돈보다 시간이 더 소중하다.

I consider everyday we don't die a success.

난 하루하루 죽음을 맞이하지 않는다는 사실 자체가 성공한 삶이라고 여겨.
- 인사이드 아웃(Inside Out, 2015)

인사이드 아웃 예고편.

Day1

Sometimes we have limited space for others.

어떤 날은 남들을 배려해줄 여유가 없을 때도 있죠.
= 디태치먼트(Detachment, 2011)

어떻게 매일 좋을 수 있겠어요? 하루쯤, 그러지 못해도 괜찮아요.

limit space
: 한정된 공간, 여유

Unfortunately, animal shelters have a limited amount of space.
: 안타깝게도 동물보호소의 공간은 한정되어있다.

If you have limited disk space, you should consider one of the other replication options.
: 디스크 공간이 제한된 경우, 다른 복제 선택사항 중 하나를 선택해야 합니다.

디태치먼트 영화 소개

Day2

The coward threatens only where he is safe.

겁쟁이들은 자신이 안전하다고 느낄 때만 위협한다.
- 나는 부정한다(Denial, 2016)

약자에게 강하고, 강자에겐 한 없이 약한 겁쟁이가 되지 않기를. 그것만큼 돌아보면 후회되는 일은 없을 테니.

coward
: 겁쟁이, 비겁자
act cowardly[the coward]
: 비겁한 짓을 하다
turn coward
: 겁나다, 무서운 생각이 들다
a boastful coward
: 허세(부리기)

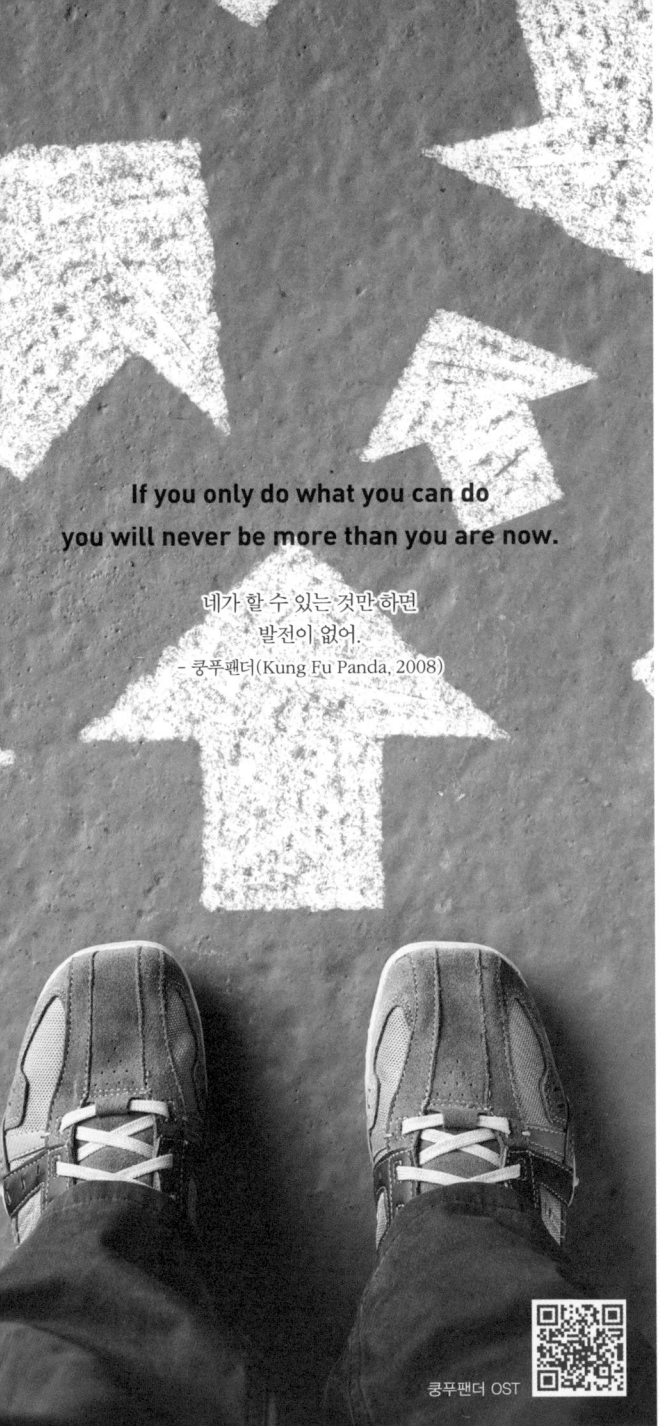

Day 3

때론 안주하고 싶을 때가 있습니다. 내가 할 수 있는 만큼만 하고 살면 되지 않을까 지칠 때가 있습니다. 물론 그런 삶도 나쁘지는 않겠지요. 하지만 그만큼 발전하는 자신을 느끼는 보람도 없을 거예요.

<u>be more than</u>은 '~이상으로'라는 의미로 다양한 상황에서 다양하게 사용될 수 있습니다.

be more than necessary
: 필요 이상으로 많다
be more than just
: ~이상의 것이다, ~에 그치지 않다
be more than a match for
: ~보다 한 수 위다, ~이 당하지 못하다

If you only do what you can do
you will never be more than you are now.

네가 할 수 있는 것만 하면
발전이 없어.
- 쿵푸팬더(Kung Fu Panda, 2008)

쿵푸팬더 OST

Day 4

**But, said she would do it, again.
Here's to the ones who dream.**

다시 돌아간대도 그렇게 할 거에요.
꿈꾸는 자들을 위하여.
- 라라랜드(La La Land, 2016)

성공적인 결과를 이끌어내지 못한다고 해도, 꼭 한 번 해보고 싶은 일이 있지요. 후회 없는 선택을 하는 것이 결국 성공한 삶이 아닐런지요.

again
: 한 번 더, 다시
<u>비슷한 의미로 사용할 수 있는 단어로는 once more(한 번 더, 다시 한 번), another time(언제 다시 한 번) 등이 있습니다.</u>

Day5

**Never run with the crowd,
Go your own way.**

대중에 휩쓸리지 말고, 너의 길을 가거라.
- 철의 여인(The iron lady, 2011)

매일 SNS에 올라오는 사람들의 행복하고 특별한 일상들. 왜 난 이렇게 사는 걸까 자괴감이 들지는 않나요? 하지만 우리의 행복은 그렇게 몇 장의 사진으로 다 표현할 수 있는 게 아니랍니다. 주변에 휩쓸리지 말고 당신의 삶에 집중하세요.

own
: 자신의
own up (to something/to doing something)
: (잘못을) 인정하다
(all) on your own
: 혼자, 다른 아무도 없이
be your own man/woman
: 독자적으로 행동(생각)하다
in your own (good) time
: 자신이 준비가 되면, 때가 되면

Day 1

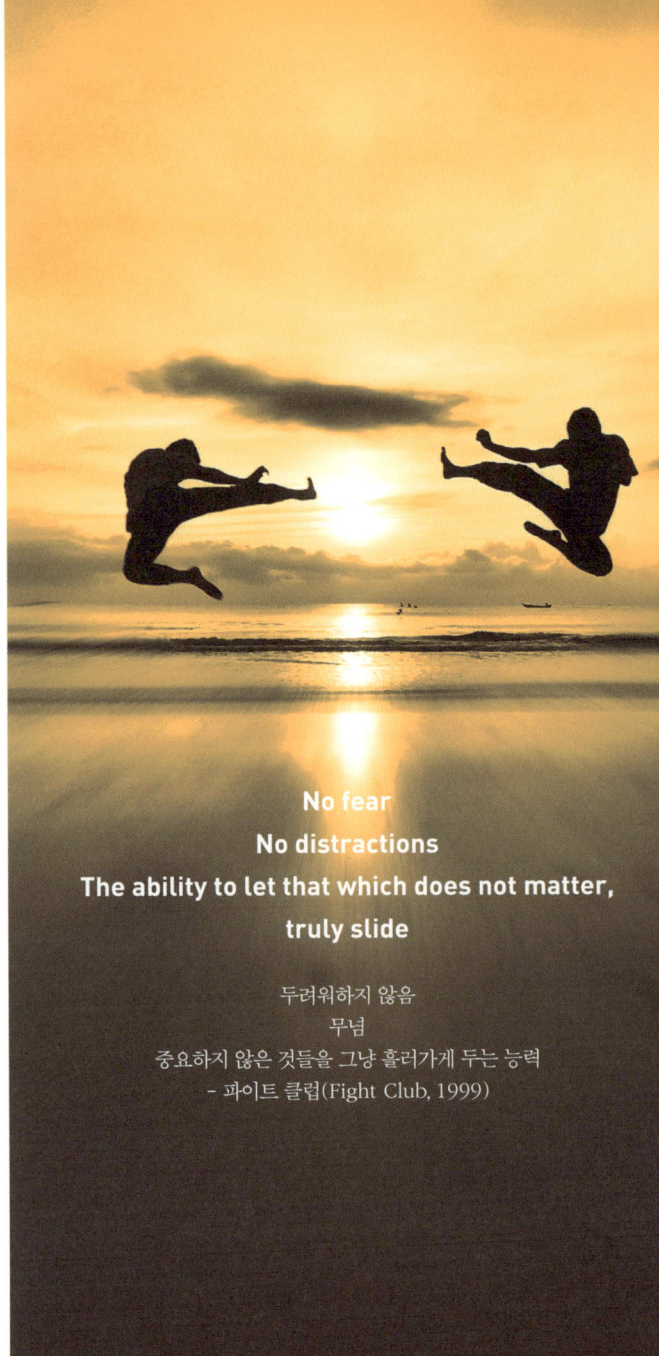

선택과 집중. 인생의 질을 결정짓는 가장 중요한 능력이 아닐까요?

distraction
: (주의) 집중을 방해하는 것
to distraction
: 정신이 하나도 없게 만드는
a distraction from
: ~에서의 기분전환.
through distraction
: 정신이 나가서

**No fear
No distractions
The ability to let that which does not matter,
truly slide**

두려워하지 않음
무념
중요하지 않은 것들을 그냥 흘러가게 두는 능력
- 파이트 클럽(Fight Club, 1999)

Day2

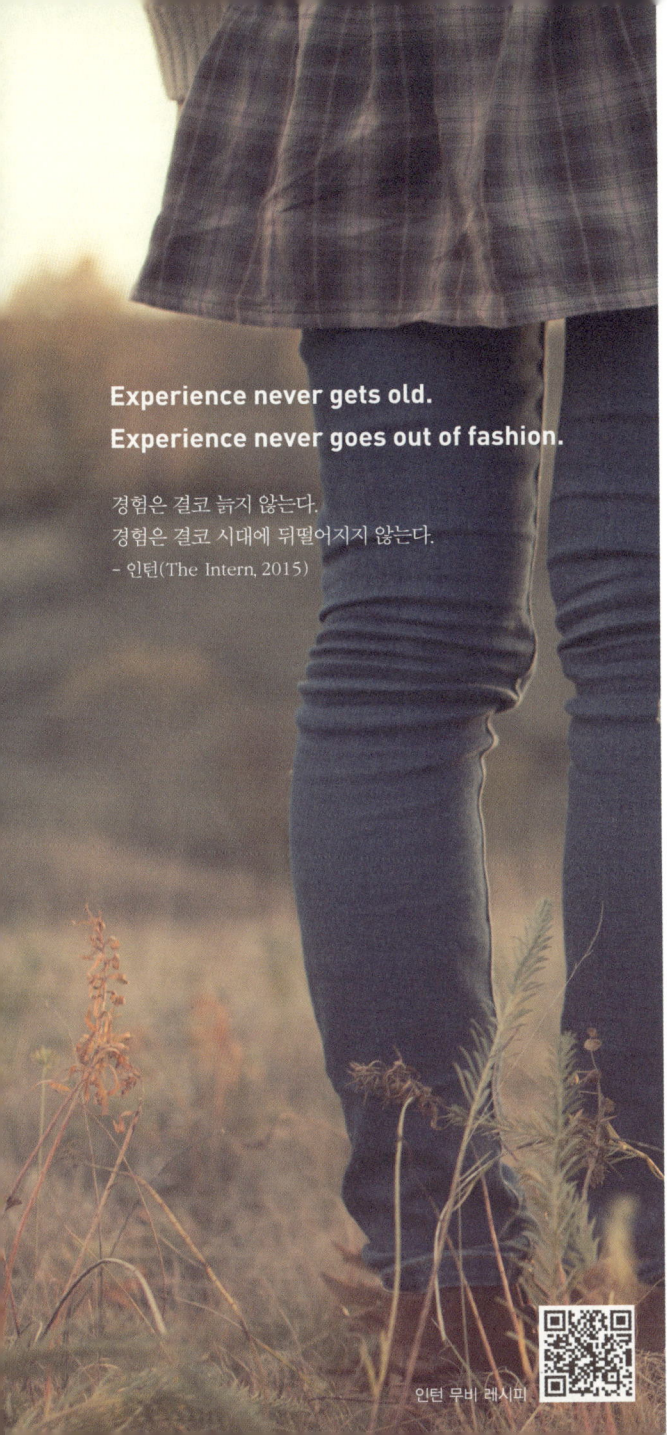

Experience never gets old.
Experience never goes out of fashion.

경험은 결코 늙지 않는다.
경험은 결코 시대에 뒤떨어지지 않는다.
- 인턴(The Intern, 2015)

꼰대들이라 비하하며 무조건 고개를 돌려버린다면, 그 어디에서도 제대로 된 스승을 만날 수 없습니다. 연습이 허용되지 않는 인생이란 경기에서 스승이 없다는 것만큼 불리한 게 또 있을까요?

go out of fashion
: 유행하지 않게 되다, 한물 가다
<u>이 표현에서 go를 대신해 사용할 수 있는 단어로는 get, drop이 있습니다.</u>
This style of dress went out of fashion.
: 이 스타일의 옷은 유행이 지난 것이다.

인턴 무비 레시피

Day 3

It's our instinct to chase what's getting away, and to run away from what's chasing us.

도망가는 것을 쫓는 것과 나를 쫓는 것으로부터
도망가려는 것은 우리의 본능이다.
- 위대한 개츠비(Great gastby)

하지만 무언가에 쫓기는 인생보다는 무언가를 쫓는 인생이 더 나은 법이지요.

run away from something
: ~에서 도망치다, ~을 피하려 하다
You can't just run away from the situation.
: 그저 그 상황을 회피하려고만 할 수는 없어.
To run away from him, she burnt rubber.
: 그에게서 도망치기 위해 그녀는 차를 급발진 시켰다.

Day4

난 이래서 음악이 좋아.
지극히 따분한 일상의 순간까지도 의미를 갖게 되잖아.
이런 평범한 순간조차도 갑자기 진주처럼 아름답게 빛나거든.
- 비긴 어게인(Begin again, 2013)

That's what I love about music.
Even the most banal scenes are
suddenly invested
with so much meaning, you know?
All these banalities,
they suddenly turn into these
beautiful effervescent pearls.

비긴 어게인 OST

그 때, 그 거리 위로 흘러나오던 노래. 그날 이후, 그 노래를 들을 때마다 아련하고 행복한 그 거리로 소환되는 신비로운 경험까지. 당신을 특별하게 만드는 노래가 있나요?

banal
: 평범한
His story was so banal that I couldn't avoid falling asleep.
: 그의 이야기는 너무 진부해서 나는 잠이 오는 것을 피할 수 없었다.

banality
: 따분함, 시시한 말, 시시한 일
They exchanged banalities for a couple of minutes.
: 그들은 잠깐 동안 시시한 말들을 주고받았다.

effervescent
: 사람들이나 행동이 열광하는, 기운이 넘치는
That lady has an effervescent personality.
: 저 여자는 성격이 아주 활발하다.

Day 5

자신감을 가지세요. 당신은 당신이 생각한 것보다 훨씬 더 괜찮은 사람일 수도 있어요.

비교급er + than
: ~보다 더 ~한

braver, stronger, smarter 모두 brave, strong, smart의 비교급으로 than과 함께 ~보다 더 ~하다는 의미로 사용되었습니다. 이렇게 비교급과 than을 사용하여 손쉽게 비교표현을 할 수 있습니다.

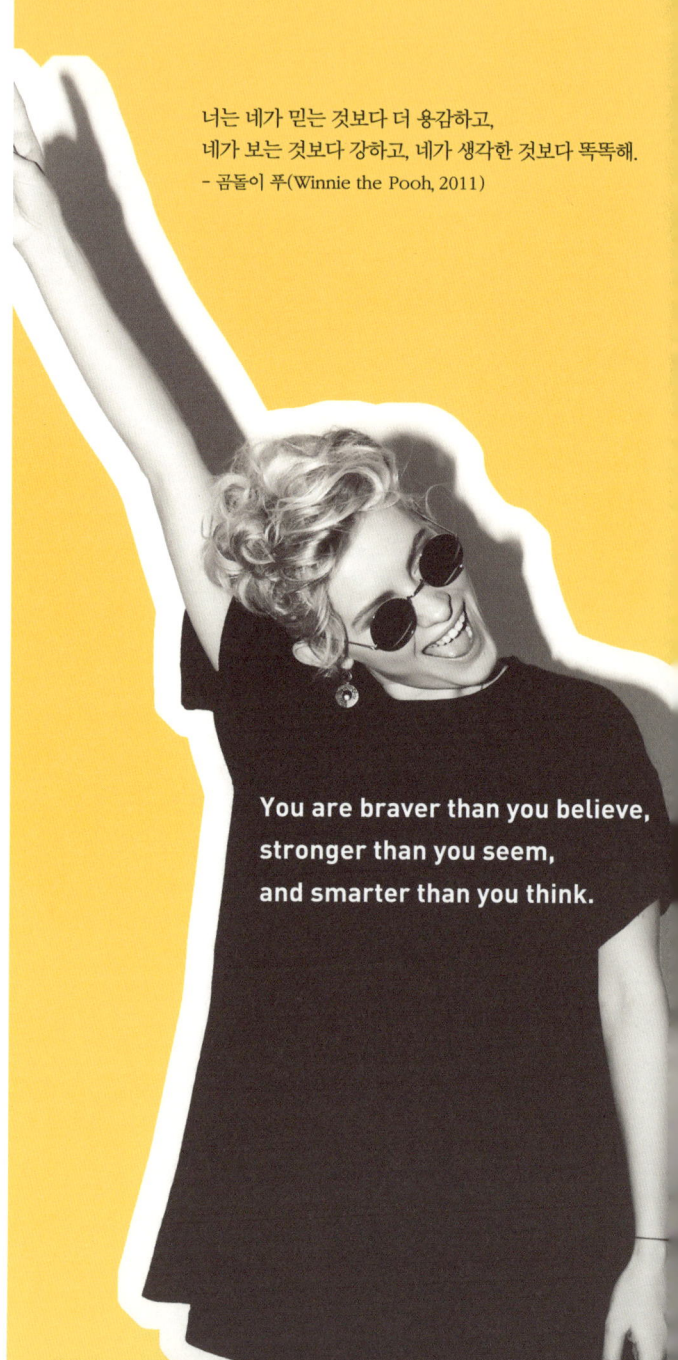

너는 네가 믿는 것보다 더 용감하고,
네가 보는 것보다 강하고, 네가 생각한 것보다 똑똑해.
- 곰돌이 푸(Winnie the Pooh, 2011)

You are braver than you believe,
stronger than you seem,
and smarter than you think.

Day1

They're a strange thing consciences. Trouble is, what feels best isn't necessarily what works best.

양심이란 건 이상한 존재죠.
최선을 다하지만 항상 최선의 결과는 내진 않아요.
- 나는 부정한다(Denial, 2016)

하지만 그렇다고 해서 최선을 다하지 않을 수 없는 게 양심인 법이지요. 당신이 양심의 소리에 최선을 다해 응답하지 않는 순간, 인생은 꼬이기 시작하거든요.

necessarily
: 어쩔 수 없이, 필연적으로
not necessarily
: 반드시 ~은 아닌
be not necessarily
: 꼭 ~라고는 할 수 없다
It doesn't necessarily mean
: 그것이 반드시 ~을 의미하는 것은 아니다

Day 2

Hope is the greatest of the gifts we'll receive.

희망은 우리가 받은 가장 위대한 선물이에요.
- 미녀와 야수(Beauty and the Beast, 2017)

인간은 살아있기 위해 무언가에 대한 열망을 간직해야 한다.
- 마가렛 딜란드

receive
: 받다, 받아들이다
receive an ovation
: 박수갈채를 받다
receive credit for
: 공적을 인정받다
receive a request
: 의뢰를 받다

미녀와 야수 OST

Day 3

적응하고 배우면이 아니라 그럴 마음만 있다면 새 사람이 될 수 있다니. 근데 그 마음 하나 먹기가 왜 그리도 힘든 건지.

adapt
: 맞추다, 조정하다, 적응하다
adapt oneself to nature
: 자연에 순응하며 살아가다
be quick to adapt
: 적응이 빠르다
ability to adapt
: 적응능력

If you're prepared to adapt and learn, you can transform.

네가 적응하고, 배울 마음만 있다면,
넌 새 사람이 될 수 있어.
- 킹스맨(kingsman, 2015)

Day 4

아무리 되돌아가려고 해도 이미 우리는 그때의 우리가 아닌 것을. 그러니 지나간 것에 미련을 두지 말 것.

go back to
: ~로 거슬러 올라가다, 돌아가다
I don't think I'd ever go back to school.
: 학교로 다시 돌아갈 순 없을 것 같아.
I have to go back to my home.
: 난 다시 집으로 돌아가야 한다.
Now we have to go back to the beginning.
: 이제 원점에서 다시 시작해야 하겠군요.

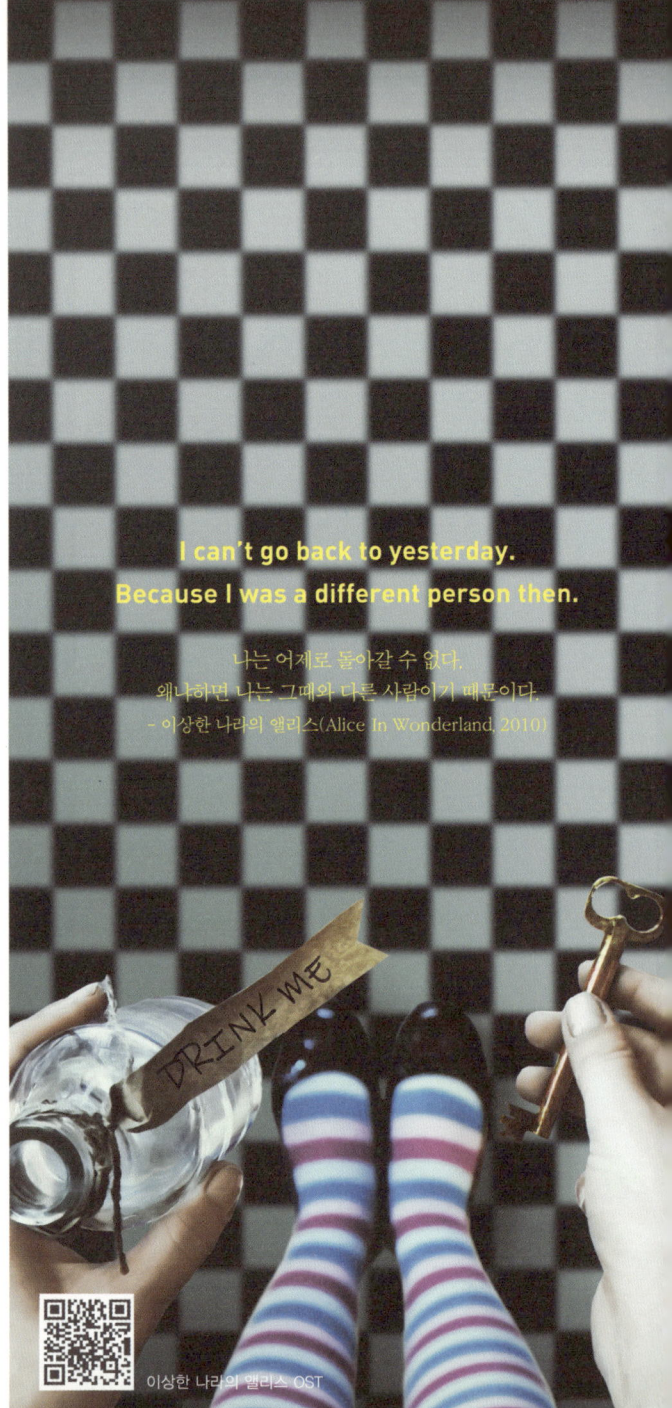

I can't go back to yesterday.
Because I was a different person then.

나는 어제로 돌아갈 수 없다.
왜냐하면 나는 그때와 다른 사람이기 때문이다.
- 이상한 나라의 앨리스(Alice In Wonderland, 2010)

이상한 나라의 앨리스 OST

Day5

I'm an expert in rejection,
and I can see it on your faces,
and it's too bad that you judge us
by the way we look and not by who we are.

난 거절의 전문가예요,
그러니까 당신들 얼굴에서 다 볼 수 있어요.
당신들이 우리가 누구인지가 아니라
우리가 어떻게 보이는 지로 우릴 판단하려한다니 참 아쉽네요.
- 억셉티드(Accepted, 2006)

보이는 것으로 무언가를 판단하는 실수를 범하고 있지는 않나요?

be expert in
: ~에 능통하다, ~의 전문가이다
He is an expert in three languages.
: 그는 3개 국어에 정통하다
He is the foremost expert in this field.
: 그는 이 분야에서 첫째가는 전문가이다.
He is considered a leading expert in the area.
: 그는 이 분야 최고의 전문가로 알려져 있다.

269

Day1

인생의 중요한 선택의 기로. 당신의 선택은 늘 무엇을 기준하고 있나요? 그 기준이 명확할수록 갈팡질팡하느라 보내는 시간을 절약할 수 있을 텐데요.

To be, or not to be
: 죽느냐 사느냐
셰익스피어의 〈햄릿〉에 나오는 대사로 아주 유명하지요.
이런 표현은 그냥 문장 자체를 익숙하게 사용할 수 있게 익혀놓는 것이 좋답니다.

To be, or not to be, that is the question.

죽느냐 사느냐, 그것이 문제로다.
- 라이온킹(The Lion King, 1994)

Day 2

우리는 늘 누군가에게 존재를 증명하려고 합니다. 하지만 중요한 것은 내 존재 그 자체이고, 그것을 타인에게 증명 받을 필요는 없습니다.

way of saying
: ~라고 말하는 방법, 말투, 입버릇
he has the way of saying~
: 그에게는 ~라는 말버릇이 있다.
a backhanded way of saying
: 돌려서 말하는 방법

Photography is a good way of saying.
I've been here. You've been here.

사진은 한편으론 이런 얘기거든. 내가 여기 있었다.
그리고 당신도 여기에 있었다.
- 라이프(Life, 2017)

라이프 예고편

Day3

내가 원하는 것이 곧 나에게 맞는 것이란 사실.

for a time
: 당분간(은), 잠시
I was her assistant in the library for a time.
: 나는 한동안 도서관에서 그녀의 조수 노릇을 했다.
Great confusion prevailed for a time.
: 일시적으로 대혼란을 야기했다.

**If you go out into the world for a time, knowing what we expect of you.
You will find out if you can expect it of yourself.**

▎잠시 세상에 나가 원하는 게 뭔지 찾아보도록 해요.
자신에게 맞는 걸 말이에요.
- 사운드 오브 뮤직(The Sound Of Music, 1965)

사운드 오브 뮤직 OST

Day 4

People will tell you what's important for you.
But only you can know that.
You gotta live life now.
Like there's no time to waste.

여러분한테 뭐가 중요한지 다른 사람은 몰라요.
여러분 자신만 알죠.
이제 여러분의 삶을 사세요. 낭비할 시간이 없어요.
- 라이프(Life, 2017)

누군가에게서 답을 찾으려 했다면 서둘러 그만 두는 것이 좋아요. 당신만큼 당신을 잘 아는 사람은 또 없으니까요.

waste
: (돈·시간 등을 필요 이상으로 들여) 낭비하다
비슷한 의미로 사용할 수 있는 단어로는 squander(낭비하다, 탕진하다, 함부로 쓰다), throw away(허비하다) 등이 있습니다.

Day5

"Why do I and everyone love pick people who treat us like we're nothing?"
"We accept the love we think we deserve."

"왜 나랑 내가 사랑하는 모든 사람들은
우리를 함부로 대하는 사람을 택하는 걸까?"
"사람들은 자기가 생각한 만큼만 사랑받기 마련이거든."
- 월플라워(The Perks of Being a Wallflower, 2012)

당신은 충분히 사랑받을 만한 사람이에요. 그러니 그만큼의 사랑을 줄 수 있는 사람을 선택하세요.

treat (특정한 태도로) 대하다, 다루다, 취급하다, 대우하다
treat somebody to something
: ~에게 ~를 대접하다
ill-treat
: 학대하다
treat somebody like dirt
: ~를 하찮게 여기다
give a treat
: 한턱을 내다

Day1

Because sometimes you don't see that the best thing that's ever happened to you is sitting there, right under your nose.

왜냐하면 가끔씩 우리
우리에게 일어난 가장 최고의 것이
바로 거기에, 바로 우리 코 밑에 있다는 걸
알지 못하기 때문이야.
- 러브로지(Love, Rosie, 2014)

가까이 있어서 소중함을 잊어버릴 때가 많지요. 당신 바로 코 밑에 자리 잡은 행복을 놓치지 않길 간절히 바랍니다.

just sit there
: 가만있다, 움직이지 않다
happen
: (특히 계획하지 않은 일이) 있다, 발생하다, 벌어지다
You'll never guess what's happened!
: 무슨 일이 있었는지 넌 결코 짐작도 못 할 거야!

러브 로지 영화 소개

Day 2

내가 나를 소중히 여겨주지 않는다면 그 누가 날 소중히 여겨줄 수 있을까요?

mean to
: ~에게 (얼마만큼의, 어떤) 의미를 가지다

Money means everything to them.
: 돈은 그들에게 있어 무엇보다 중요하다.
Your sympathy will mean much to him.
: 당신의 동정은 그에게 매우 소중할 것입니다.

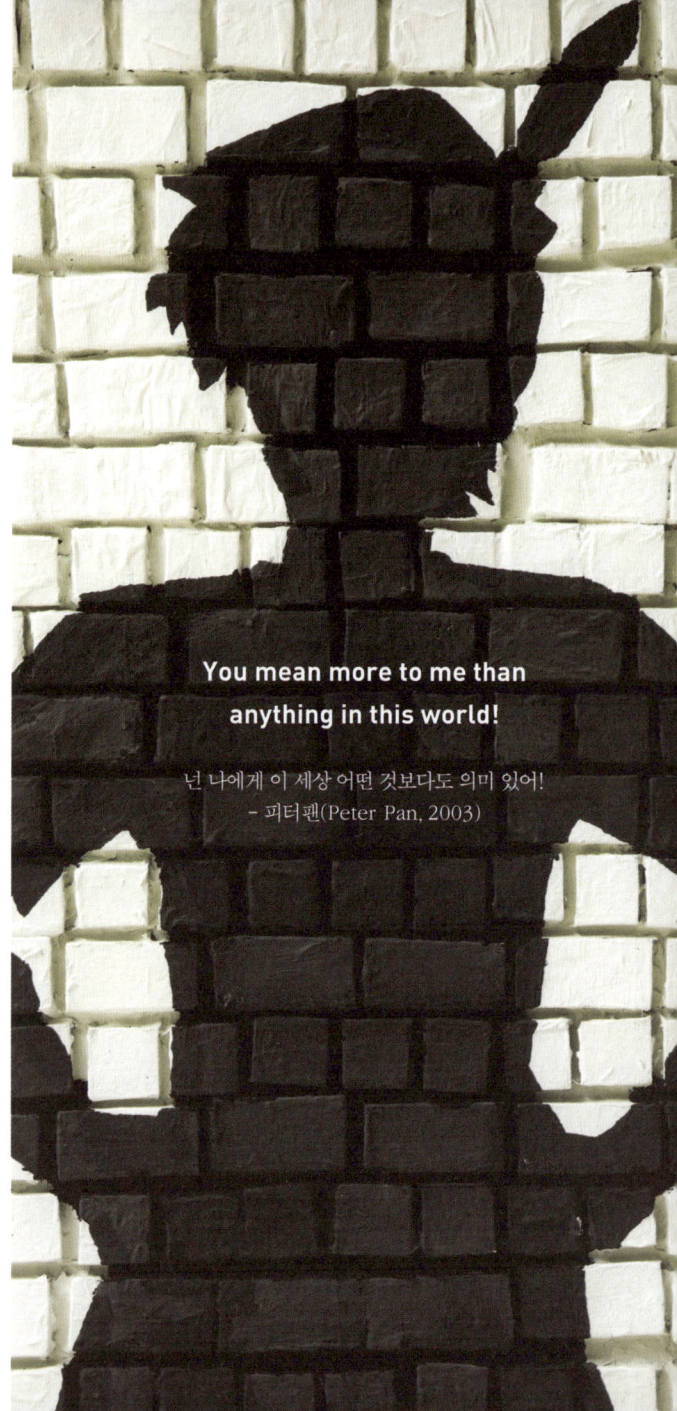

You mean more to me than anything in this world!

넌 나에게 이 세상 어떤 것보다도 의미 있어!
- 피터팬(Peter Pan, 2003)

Day3

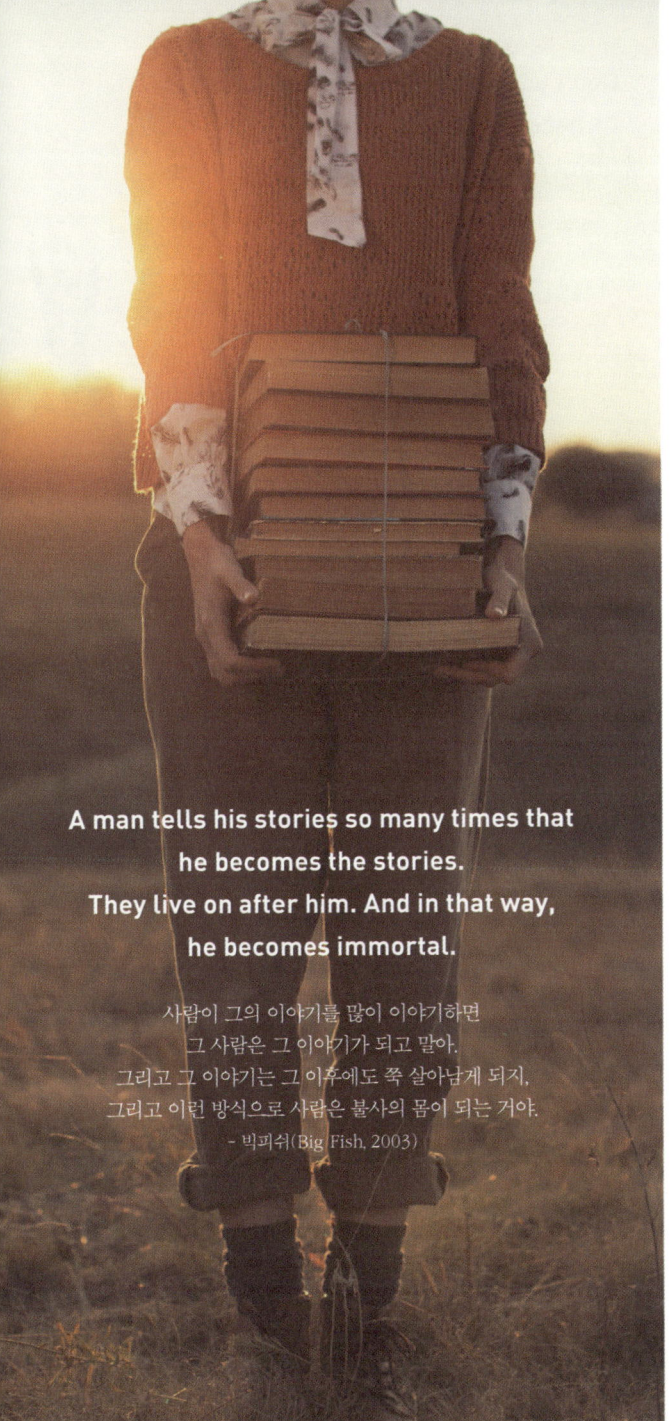

A man tells his stories so many times that
he becomes the stories.
They live on after him. And in that way,
he becomes immortal.

사람이 그의 이야기를 많이 이야기하면
그 사람은 그 이야기가 되고 말아.
그리고 그 이야기는 그 이후에도 쭉 살아남게 되지.
그리고 이런 방식으로 사람은 불사의 몸이 되는 거야.
- 빅피쉬(Big Fish, 2003)

이야기를 하는 사람, 이야기가 되는 사람. 당신은 어떤 사람이 되고 싶나요?

live on
: 계속 살다, 존재하다
But I work, and I live on my own.
: 전 일자리도 있고 독립해서 살고 있단 말이에요.
What floor do you live on?
: 몇 층에 사세요?

Day4

**Don't you want to take a leap of faith?
Or become an old man,
filled with regret, waiting to die alone**

너의 신념의 도약을 하고 싶지 않아?
아니면 후회로 가득차서 홀로 죽기만을 기다리는
늙은이가 되고 싶나?
- 인셉션(Inception, 2010)

인셉션 명장면

삶이 너무 무료하다 느껴질 때쯤, 젊음의 열정이나 패기는 개나 준지 오래된 지금, 당신에게 필요한 한 마디가 아닐까요?

leap
: (높이·길게) 뛰다, 뛰어오르다
They have the ability to leap up to 14 meters.
: 이들은 14 미터까지 뛰어오를 수 있다.
It was a small step for a man but a giant leap for mankind. 그
: 것은 한 인간에게는 작은 발걸음이었지만 인류에게는 큰 도약이었다.

Day 5

I always saw the world as this place where I really wasn't meant to be.

나는 늘 세상이 내가 있어서는
안 되는 곳이라고 늘 보아왔어.
- 비포 선라이즈(Before Sunrise, 1995)

이 세상에서 나만 다른 종류인 것 같은 느낌을 받을 때, 오히려 세상을 향해 손을 내밀어야 해요. 그렇지 않으면 영영 자신만의 세계에 고립된 채 외로움을 친구로 삼아야 할지 모른답니다.

see as
: ~로 보다, 간주하다, 상상하다
see ~ as an opportunity
: ~을 기회로 보다
see things as they really are
: 사물을 있는 그대로 보다
as you can see
: 보시다시피

이 도서의 국립중앙도서관 출판예정도서목록(CIP)은
서지정보유통지원시스템 홈페이지(http://seoji.nl.go.kr)와 국가자료공동목록시스템(http://www.nl.go.kr/kolisnet)에서
이용하실 수 있습니다.(CIP제어번호: CIP2017017818)

하루 1분 감성영어

초판 1쇄 발행 2017년 7월 31일
초판 2쇄 발행 2017년 11월 10일

엮은이 YM기획
감수 성재원

책임편집 주열매
마케팅 신용천 · 송문주
디자인 정혜욱

펴낸이 추미경
펴낸곳 베프북스
주소 경기도 고양시 덕양구 화중로 130번길 48, 6층 603-2호
전화 031-968-9556
팩스 031-968-9557
전자우편 befbooks75@naver.com
블로그 http://blog.naver.com/befbooks75
페이스북 https://www.facebook.com/bestfriendbooks75

출판등록 제2014-000296호
ISBN 979-11-86834-44-2 14320
　　　　 979-11-86834-43-5 (세트)

• 이 책은 저작권법에 의하여 보호를 받는 저작물이므로 무단 전재와 복제를 금합니다.
• 잘못된 책은 구입하신 서점이나 본사로 연락하시면 바꿔 드립니다.
• 책값은 뒤표지에 있습니다.